P2P网贷

从入门到精通

程之 ◎ 编著

清华大学出版社

北 京

图书在版编目(CIP)数据

P2P网贷从入门到精通 / 程之编著. — 北京:清华大学出版社,2016
ISBN 978-7-302-44703-0

Ⅰ.①P… Ⅱ.①程… Ⅲ.①互联网络—应用—借贷—研究 Ⅳ.①F830.49

中国版本图书馆 CIP 数据核字(2016)第 184649 号

责任编辑:张立红
封面设计:邱晓俐
版式设计:方加青
责任校对:李 安
责任印制:沈 露

出版发行:清华大学出版社
　　　　网　　　址:http://www.tup.com.cn,http://www.wqbook.com
　　　　地　　　址:北京清华大学学研大厦 A 座　　　　邮　　编:100084
　　　　社 总 机:010-62770175　　　　邮　　购:010-62786544
　　　　投稿与读者服务:010-62776969,c-service@tup.tsinghua.edu.cn
　　　　质 量 反 馈:010-62772015,zhiliang@tup.tsinghua.edu.cn
印 装 者:三河市金元印装有限公司
经　　销:全国新华书店
开　　本:170mm×240mm　　　印　　张:11.75　　　字　　数:153 千字
版　　次:2016 年 9 月第 1 版　　　印　　次:2016 年 9 月第 1 次印刷
定　　价:39.80 元

产品编号:067555-01

P2P网络借贷，是一种与互联网、小额信贷等创新金融模式密切结合所形成的新生借贷形式。通俗地说，就是有闲置资金的人，通过P2P借贷平台的搭桥撮合，将闲置资金以贷款方式借给有资金需求的个人或企业。其中，借款人获得资金使用权并承担利息和服务费，出资人（投资人）取得利息收益，P2P借贷平台负责对借款人的经济效益、经营管理水平、发展前景等进行详细考察并收取账户管理费和服务费。

从本质上看，P2P借贷就是民间借贷的互联网化。不同的是，P2P借贷彻底根除了民间借贷信息交互不畅、时间和地域分布不均、资金定价标准混乱、风险对冲机制缺失、监管难以渗透的弊端，是让出资人（投资人）、借款人双方共同获益的一种商业模式。

所有金融产品，都可以简单地归结为资金来源与资金运用，如传统的吸收存款（资金来源）、发放贷款（资金运用），从中赚取利息差。P2P借贷在"本土化"过程中，异化了英美等国的P2P借贷模式，演变成为"网络银行"。"网络银行"通过互联网集聚公众资金，再通过互联网寻找合适的借款人。随着移动互联网的普及，P2P借贷以进入门槛极低、中间环节减少、借贷效率高，以及更加灵活自由、更加便捷迅速、选择更丰富、收益率更高等优势，吸引了众多中小企业和广大民众，受到了他们的追捧。

在"金融抑制"背景下，中小企业贷款难、融资需求旺盛，民众投资渠道匮乏，理财无门，长尾资金闲置。P2P借贷平台的横空问世，加速了社会资金的流动，实现了供需双方的对接，一方面，有效地缓解了中小小企业资金需求饥渴的症状；另一方面，帮助普通民众获得较高收益，实现资金增值。目前，市场处于培育期、行业发展处于初始阶段，加之无准入门槛、无行业标准、无机构监管的"三无"以及社会征信体系不完善，P2P借贷平台在野蛮的生长中，鱼龙混杂。因其风险控制薄弱、资金管理错配、疯狂离谱的高收益陷阱、居高不下的坏账率，近30%的P2P借贷平台出现问题，频繁曝出诈骗、逃跑事件，使许多投资者损失惨重，甚至血本无归。

本书作者积累了三十多年基层金融工作经验，潜心研究P2P借贷平台多年，通过将理论与实践结合，深入分析了P2P借贷平台在我国的发展、本土化过程中的金融创新、问题P2P借贷平台的识别、中小企业如何快速融资以及普通民众如何在P2P借贷平台上理财投资等诸多问题，帮助读者认识P2P借贷，从而熟练地在P2P借贷平台上融资、理财、投资，分享P2P借贷行业的"一杯羹"。

本书特色

1. 通用性，满足大众需求

P2P网络借贷从英美国家漂洋过海登陆中国，克服了"水土不服"并在国内遍地生根开花。P2P借贷作为纯正的"舶来品"，横跨金融、互联网两大领域，专业性较强。本书将阅读人群定位于对经济金融、P2P借贷知识知之甚少的读者，着眼于对互联网金融、P2P借贷知识的普及，实现其思想性、知识性、科学性、专业性以及实用性的统一，力求让每一位从没有涉猎过互联网金融和P2P借贷行业的读者看得懂、能理解、用得上、可操作，满足读者对P2P借贷常识的认知需求。

2. 实用性，帮助读者实践

本书没有回避当下国内P2P借贷行业发展中的热点、难点及痛点问题，在理论与实践的结合当中，尽量不使用晦涩难懂的专业术语，多采用通俗易懂的事例深入说明，并针对国内一些背景深、实力大的P2P借贷平台明目张胆地加大借款成本、转嫁负担给借款人的做法进行了严厉抨击；对借款人如何从P2P借贷平台融资，提出了一些忠告；对如何在P2P借贷平台理财投资，应当如何识别有问题的P2P借贷平台，如何保证投资效益最大化，特别是对一些手中资金不多，又想在P2P借贷平台牟利的投资者如何进行套利，进行了细致探讨。这种由浅入深、循序渐进的分析，完全尊重了从未操作过P2P借贷的初学者对P2P借贷知识的了解和把握规律，具有很强的可操作性。

3. 先进性，学以致用

互联网金融的"幽灵"在中国游荡的时间并不长，P2P借贷平台进入寻常百姓家的日子也是屈指可数。专门探讨这门新知识的专业著述并不多，尤其是专业探讨P2P借贷知识的著述，本书是第一本。本书抛开深奥的金融理论条文和教条式的说教，坚持求真务实、理念创新，体现了具体性、时代性和实践性的统一，是引导普通民众利用P2P借贷平台获取自身最大效益的"必读之书"。

本书内容及体系结构

本书立意，简单明确，帮助不了解或不熟悉P2P借贷知识或互联网金融的读者，熟悉掌握P2P网络借贷的发展历史、P2P借贷平台的业务流程和运作特点，辨识容易出问题的P2P借贷平台的特征，以及指导读者如何提高在P2P借贷平台的投资收益，是丰富P2P借贷知识、提高P2P借贷平台投资收益的最佳参考读物。

第一章　P2P网络借贷的前世与今生

本章从P2P借贷理念的产生、第一家P2P借贷平台产生的背景、资金的主要来源与资金的运用、借贷的主要对象和P2P借贷平台的盈利模式几方面入手，分析欧美等国P2P借贷平台的运作模式和业务流程的特点，帮助读者了解P2P借贷平台的作用、借贷特点和操作流程。

第二章　外来和尚难念中国"经"

本章针对P2P借贷平台登陆中国后，遭遇"中国式困局"这一现象进行了详细分析，引导读者全面认识目前国内的信用环境、P2P借贷平台业务操作的特征以及难点、痛点和P2P借贷平台艰难的发展历程。进而使读者逐步对P2P借贷平台产生信用风险、操作风险、道德风险的市场因素有一个理性的认识。

第三章　P2P网络借贷"化茧成蝶"

本章引导读者全面认识国内P2P借贷平台通过全面引入第三方担保机构、建立风险准备金、实行抵押等多种风险防范措施，较好地解决"信用瓶颈"之后，P2P借贷平台经营模式发生的异化以及与欧美P2P借贷平台经营模式相比有何进步。系统地分析了国内P2P借贷平台从"信息中介"转变为"信用中介"后，P2P借贷平台性质的改变，以及这种改变对经营造成的影响。

第四章　P2P借贷与其他投资方式比较

本章详细分析了股票、期货、黄金、银行存款等理财投资产品在灵活性、收益性、风险性等方面表现出的一些特点，并与P2P网络借贷进行了全面对比，指出了各自具有的独特优势与不足，使读者通过本章的学习，能够深刻了解到P2P借贷平台理财投资的优势和不足。

第五章　如何评判P2P借贷平台的优与劣

无论是通过P2P借贷平台融资，还是在P2P借贷平台上理财、投资，选择一家靠谱的P2P借贷平台特别重要。本章针对目前P2P借贷行业争议较大的"信用评级排名"和"黑名单"现象进行了分析点评，帮助读者保持自己的判断能力，使之不被各种机构的评级左右，从而选择适合自己投资的平台。

第六章　P2P网络借贷，这财究竟如何"理"

本章详细地介绍了如何在P2P借贷平台理财，认真地为读者分析了一些"伪"P2P借贷平台不停抛出"馅饼"，引诱理财投资人上当的伎俩，对于帮助理财、投资者辩证地运用互联网思维，掌握一些常规的P2P借贷平台理财技巧，提高其防范风险水平，避免落入陷阱，具有很好的警示作用。

第七章　投资P2P借贷怎样"投"效益大

本章是全书的重点章节之一，着重分析哪些人适宜在P2P借贷平台投资理财，投资人应该保持的投资心态以及所要摒弃的一些错误的投资方法。同时，本章围绕如何识别优质P2P借贷平台进行了分析，明确给出判断优质P2P借贷平台、优质借款人、优质借款项目的方法、步骤，特别是对"空手套白狼"的"黄牛党"如何在P2P借贷平台"转贷牟利"的方法、套利手段以及如何控制成本、掌握盈利平衡点进行了实证分析，并就"黄牛党"是否构成违法犯罪进行了法律分析。

第八章　如何在P2P借贷平台"融"到钱

本章也是本书的重点章节之一。对想创业但无资金或因其他原因急需资金周转的借款人，从借款前需要准备的资料、如何积累个人或企业信用，以及如何取得P2P借贷平台的信任等多个层面，告诫借款人需要注意的关键问题，提醒借款人对P2P高企的借贷成本做好心理准备，以及指导借款人如何借到较低成本的资金。

第九章　风雨过后见彩虹

随着央行等十部委《关于促进互联网金融健康发展的指导意见》和最高人民法院《民间借贷案件适用法律规定》的相继出台，P2P借贷行业的春天已经来临。本章详细分析了P2P借贷平台今后还有很长的路要走，投资人、借款人也有很长的路要走的客观事实，告诫P2P借贷平台必须根除劣根性，把客户的利益放在首位，诚信经营、降低借贷成本，赢得客户的信任，才能在激烈的市场竞争中越走越远；投资者必须丢掉"流氓习性"，才能不"踩雷"不"中枪"，才能在P2P借贷平台投资中取得好收益。

本书读者对象

- P2P借贷平台或互联网金融从业人员；
- P2P借贷平台投资、理财者或准备在P2P借贷平台投资、理财的人士；
- 财经、非财经专业的大中专院校教师、学生；
- 想通过P2P借贷平台融资的中小企业负责人和创业人员；

> 关注经济金融、互联网金融、P2P借贷行业发展及有兴趣爱好的
> 人员。

本书由程侠义（笔名程之）组织编写，同时参与本书编写的还有黄维、金宝花、李阳、程斌、胡亚丽、焦帅伟、马新原、能永霞、王雅琼、于健、周洋、谢国瑞、朱珊珊、李亚杰、王小龙、张彦梅、李楠、黄丹华、夏军芳、武浩然、武晓兰、张宇微、毛春艳、张敏敏、吕梦琪、赵桂芹，在此表示感谢！

目　录

第1章　P2P网络借贷的前世与今生

第3章　P2P网络借贷"化茧成蝶"

第4章　P2P借贷与其他投资方式比较

第5章 如何评判P2P网络借贷平台的优与劣

第6章　P2P网络借贷，这财究竟如何"理"

第7章 投资P2P借贷怎样"投"效益大

第8章　如何在P2P借贷平台"融"到钱

第9章 风雨过后见彩虹

第1章 P2P网络借贷的前世与今生

"P2P"本是计算机术语，是由一个经济学教授和几位英国年轻人，把P2P与金融与亿万低收入的弱势群体联系在一起，形成的一个遍布全球的新兴借贷行业。

1.1 ▶ P2P网络借贷的概念是"救助穷人"

P2P，是Peer to Peer或person to person的英文缩写，是互联网技术的专用术语和学理概念，表示互联网局域网中，计算机端对端信息交互式的对等互换和关系变化特征，该交互是在对等网络中实现，不通过中间工作站，即"点对点"技术，引申为人与人之间的直接对接。Peer在英语中有"同等者（地位、能力等）""同事""伙伴"等多种含意。

互联网金融概念出现后，P2P的含义又有所发展，成为Peer to Peer Lending或person to person Lending的英文缩写，意为P2P小额资金借贷金融模式，即由信贷公司（第三方公司或网站）作为信用中介平台，借助互联网、移动互联网技术发布资金需求信息和实现交易平台，将个人的小额资金聚集起来，再借给其他有资金需求的人的借贷行为，实现"个人对个人借贷交易"。

互联网金融在我国兴起后，互联网金融企业为博人眼球，吸引广大投资者与借贷者参与，又延伸开发出多种理财与投资产品，如"P2P理财""P2P金融""P2P网贷""P2P网络借贷""人人贷"和"P2P借贷"等，甚至把与互联网相关的理财、投资等所有金融业务统称为P2P。尽管产品名称各异，但其业务模式基本没有改变。

P2P网络借贷基本模式是在一个一端连接众多手中有富余资金且需要增值的投资者，另一端对接无数有资金需求的借款人的网络平台上，借款人提供必备的信息资料和借款申请，网络平台进行前期的必要审核，然后在平台上发布借款信息，投资者根据平台发布的借款人提供的各项认证资料和信用状况借出资金，平台收益主要依靠收取借贷双方成交额的服务费。P2P借贷流程如图1-1所示。

图1-1　P2P借贷流程

P2P网络借贷是民间借贷的"阳光化"，是游离于监管体系之外的信用中介，具有商业银行经营信用的一切功能，但杠杆率更高、服务面更广、进入门槛更低，是向公众开展融资借贷业务的"影子银行"。

Tips：P2P借贷模式最早的倡导与实践者是孟加拉国经济学家、格莱珉银行创建人穆罕默德·尤纳斯，他被称为普惠金融之父，并因此荣获诺贝尔和平奖。

尤纳斯，有着传奇的人生经历。1940年尤纳斯出生于孟加拉国吉大港一个富庶的宝石加工场主家庭。尤纳斯是家里第三个孩子。他的母亲生育了14个孩子，其中5个早夭。尤纳斯后来经常回忆起自己的母亲："她十分善良并充满同情心，总是周济从遥远的乡下来看望我们的穷亲戚。""是母亲对家人和穷困人的关爱影响了我，帮助我产生了经济学和社会改革方面的兴趣。"

尤纳斯从小就对珠宝生意没兴趣，立志要做一位老师。尤纳斯21岁大学毕业时，母校吉大港大学为他提供了经济学教师职位。作为南亚次大陆最受人尊重的大学老师，尤纳斯专心教书育人。1965年尤纳斯得到富布赖特奖学金，来到美国范德比尔特大学攻读博士学位。在那里，尤纳斯遇到了影响他未来生活的两位关键人物，一位是他的导师——罗马尼亚籍著名教授杰奥杰斯库·勒根，他传授给尤纳斯一些精确的经济学计算模式；另一位是美籍苏联姑娘薇拉·弗洛斯坦科，两人于1970年缔结良缘。1971年孟加拉国独立后，尤纳斯回到母校吉大港大学担任经济学系主任。

1974年孟加拉国全境发生洪涝灾害，很多地方粮食绝收，加上政府救助不力，造成近150万人死于饥饿或灾后传染病。灾荒过后，孟加拉国满目疮痍，民不聊生。看着毁灭性的饥荒让饥寒交迫的人走投无路，尤纳斯认识到仅靠书本和课堂上的经济学理论，很难真正帮助那些生活在贫穷状态中绝望的人们。尤纳斯以极大的热情投入到对贫困与饥饿的研究中，他走访了乡村中一些最贫困的家庭。一个生有三个孩子的名叫苏菲亚的年轻农妇每天从高利贷者手中获得5塔卡（相当于22美分）用于购买竹子，编织好竹椅交给高利贷者还贷，每天只能获得50波沙（约2美分）的收入。每天仅2美分的微薄收入，使她的和她家人陷入一种难以摆脱贫困的恶性循环中。

尤纳斯大感惊愕，能制作漂亮竹椅的勤劳年轻妇女，一天只赚这么点钱！苏菲亚解释说，由于没钱购买制作竹椅的原材料，她不得不去找这位商人借钱。而商人只允许苏菲亚把竹椅卖给他，而且收购价格还由他说了算。事实上苏菲亚变成了附属于商人的劳动力！那些竹子价值大约25美分。"仅为25美分就要遭这种罪，难道就没有人能对此做些什么吗？"尤纳斯找出村里另外42位类似苏菲亚存在困境的村民，把这些村民的资金需求汇总后，发现居然只有27美金。造成他们穷困的根源并非是懒惰或者缺乏智慧，而是一个结构性问题：缺少资本。放贷者提供的借贷利率高达每月10%，甚至每周10%。所以，不管这些穷人再怎么努力劳作，都不可能越过生存线水平。要使他们能够把钱攒下来做进一步投资，我们需要做的就是在他们的劳作与所需资本之间提供一个缓冲。

尤纳斯把身上仅有的27美元借给42位贫困村民，帮助他们购买制作竹凳所需支付的微薄成本，让他们能尽快地免受高利贷业主的盘剥，获得高一点的收入。尤纳斯向这些没资产的穷人提供借贷的想法就此诞生。

苏菲亚的遭遇仍难让尤纳斯恢复平静："在大学课堂上，我对成千上万美元的数据进行理论分析。但就在此时此刻，生与死的问题却是以美分为单位展示出来，是什么地方出错了？大学课程怎么没有反映出苏菲亚这些人的生活现实呢？"尤纳斯平生第一次感叹："这个社会竟然不能向几十个赤贫的农妇提供区区总额为几十美元的贷款！我为自己竟然是这样社会的一分子感到羞愧。"大学经济学教育和社会上许多人对贫困与饥馑如此漠视，也让尤纳斯感到愤慨与不解。在他看来，漠视贫困、漠视真实世界中一些人的痛苦与愿望是经济学的最大失败，而不能用经济学知识去缓解并消除贫困，是所有经济学学者与政府官员的最大的耻辱。尤纳斯便以吉大港大学附近的乡村为试点，倡导实施了"吉大港大学乡村开发计划"。

落实"乡村开发计划"资金，仅凭个人力量十分困难。尤纳斯便去当地银行请求银行借钱给那些穷人，让他们发展生产，可是银行不愿意借钱。他们认为，这些穷苦人连生计都难以维持，何来能力偿还贷款？为了说服银行把钱借给穷人，尤纳斯亲自登门劝说，可没有一家银行答应贷款。无奈之下，尤纳斯只能用自己的信誉和财产为穷人提供担保。在尤纳斯的四处奔走之下，终于有银行愿意发放贷款，并且约定用当时比较特殊的还贷模式——逐月分期还贷。几年后，所有借钱的穷人都按期还清了贷款，捏着胆子放款的银行觉得不可思议。

尽管那些穷人还清了贷款，但银行认为这是个别现象，并没有普遍意义，仍然只愿意把钱借给有钱人，而不愿贷款给穷人。尤纳斯决定亲自尝试，向政府申请并最终获得批准，成立了专为穷人发放小额贷款的"格莱珉银行"（乡村银行），并于1983年正式开始营业。

格莱珉银行与其他银行不同，其宗旨是帮助穷人实现个体创业，从而永远摆脱贫困，让穷人有尊严地活着。其服务群体就是那些一时无法还清贷款，甚至两手空空的乞丐。其借款对象主要是穷人，而且承贷者大多以家庭妇女或失业者为主，这些人占贷款人数的95%以上。尤纳斯认为，农村家庭中的女人最具牺牲和责任精神，她们无私奉献，支撑整个家庭，是其他群体不能取代的。

格莱珉银行获得巨大成功，目前已拥有650万客户，向240万个家庭提供了38亿美元贷款，其中96%是妇女，使百万家庭脱离贫困。与此同时，银行业务发展迅速，向71万余个村庄派驻2226个分支机构。作为救济贫困的"格莱珉"模式受到国际社会好评，世界上250个机构在将近100个国家采用这种模式。2006年，尤纳斯与格莱珉银行荣获"诺贝尔和平奖"。

Tips：尤纳斯与他的格莱珉银行开创了带有公益性、无抵押小额信贷模式，这就是P2P网络借贷雏形。不同的是，当时互联网没有被广泛应用，格莱珉银行的业务大多通过"线下"人工完成。因此，在该理念下的金融活动，无论是信贷规模、从业者人数，还是公众认知层面和社会影响力，都受到一定程度的限制，与现在基于互联网技术的P2P借贷完全不能同日而语。

1.2 ▷ 世界上第一家P2P网络借贷平台

世界上第一家P2P网络借贷公司是在2005年3月于伦敦成立的"英国ZOPA网上互助借贷公司"，简称ZOPA。ZOPA是"Zone of possible agreement"的英文缩写，意思是一个人最低限（借款者获得的最低利率）与另一个人最高限（投资者获得的最高回报率）可以达成协议的空间。

ZOPA的创立者为理查德·杜瓦、詹姆斯·亚历山大和萨拉·马休斯等7人，他们分别是大学教授、企业战略专家和IT经理。他们曾发起组建英国网上Egg银行，随后看到互联网金融的巨大商机，转而创立ZOPA公司。目前，ZOPA已经拥有注册会员50多万，贷款总额高达3.7亿英镑。

创立者们创立ZOPA的灵感来源于当时特定的历史环境。英国银行业高度发达，但又高度垄断于5家大银行，这种行业垄断增加了个人与企业融资的难度：借款速度慢、贷款种类少、贷款手续繁、审批时间长。银行体制存在的种种弊端得不到解决，人们积累了对银行的许多不满。

因为个人消费市场、个人贷款市场缺少一种连接需求资金的个人与投资者的中介，于是ZOPA结合债券公司与EBAY两者的优点，开启了P2P网络借贷模式的大门。自此，这种"脱媒"的金融模式如雨后春笋般生长，一时风靡西方世界。就本质而言，P2P网络借贷先帮助有闲钱的人把钱借给守信用的借款人，再帮助出借人收回借款人的本金和利息。通过P2P网络借贷平台，借款人付出较低的利息取得资金使用权，解决了燃眉之急；同时出借人得到了更高、更稳定的收益。

　　ZOPA将自身定位为一个连接贷款者（投资者）与借款者的网络平台，其借款流程相当简单：借款者登陆ZOPA网站上传借款申请，经过ZOPA网站的匹配，投资者借款给他们并获得一笔不小的贷款利息收益回报，而ZOPA公司则收取投资者资金总额1%的手续费，收取借款人30～610英镑的手续费。借款者平均借款利率为4.5%～15.6%，高信用借款者平均借款利率为5.6%；投资者获得的平均年收益率为3.9%或4.9%。

　　ZOPA成立后，以新颖的运营模式吸引了社会大众的广泛关注，注册会员大量增加，从开始的不足300人增长到2007年的14万会员，借贷交易额也一路飙升。如今，ZOPA已经是英国最大的P2P网络借贷公司，先后进行4轮融资，将7160万英镑用于公司发展。截止到2014年底，其借贷规模已超7.13亿英镑，贷款余额达2.6亿英镑，总投资人数为5万人，平均单笔金额为4600英镑。

　　ZOPA公司的创立具有划时代的意义，开创了互联网金融P2P网络借贷的先河。此后，无论是欧美国家，还是我国的一些P2P网络借贷平台，基本上都沿用了ZOPA经营模式。ZOPA为P2P网络借贷提供了交易蓝本，无论时间、地点、公益性和商业性如何改进或创新，都脱离不了ZOPA的经营模式。

　　作为P2P网络借贷的开山鼻祖，ZOPA经营理念和经营模式被世界上很多国家和地区效仿，其模式在被不断复制的过程中也逐步得到完善和改良。

◉ 1.2.1　ZOPA网络借贷的运营模式

　　在ZOPA的P2P网络借贷平台上，投资者的收益回报率与借款者的借款利率均由ZOPA公司统一制定。其实，在开创初期，曾经有一段时间由投资者与借款人双方商量决定借款利率，但不久ZOPA公司便舍弃该方式。

其借贷的基本流程为如下几步。

（1）潜在借款人通过ZOPA平台提供的"贷款计算器"，查看预期贷款利率，如果对利率满意，即注册并上传借款申请；

（2）ZOPA平台收到借款申请，为潜在借款人"量身定制"最终利率，并将结果告知，如果其接受，便正式成为ZOPA的借款者，等待借款成功；

（3）ZOPA为投资者提供5年期4.9%和3年期3.9%的收益率，由投资者决定投资期限，然后将资金汇到ZOPA的账户中；

（4）ZOPA收到投资者的资金后，将其分成若干份额，分别借给不同的借款人；

（5）ZOPA负责将借款人的还款每月按时汇入投资者的指定账户，投资者可自由支配这笔资金，提现或继续投资。

简单五步，借贷完成。ZOPA之所以要将资金分成若干份借出，主要是为分散资金风险，如果投资者投资金额过大，其资金被分成的份额则更多。

● 1.2.2　ZOPA的三种利率机制

利率是P2P网络借贷公司获取利润的主要来源。投资者借出资金期望高利率，而借款者使用资金则希望低利率。ZOPA实行三种利率机制。

（1）借款者预期利率。为不使客户流失，ZOPA为借款者"量身定制"了借款预期利率。借款者既可以在ZOPA平台查询利率，也可以电话或当面询问。ZOPA会在24小时内给出大概利率。预期利率与借款者申请到的最终贷款利率相差不会太多，借款额度越小、期限越短则利率越高（1000英镑贷款利率为13.6%以上，而3年期贷款利率最低）。

（2）借款者实际借款利率。借款利率由借款者的信用状况、借款金额和借款期限等多种因素决定。ZOPA根据借款者个人信用情况，采用ZOPA公司的信用评分系统给借款者打分。ZOPA为借款者评分后，按照其分数的不同将之分类到ZOPA贷款市场中。贷款市场按信用等级分为五类，投资者虽无法看到资金借给了谁，但可以了解资金借给了哪类贷款市场，风险有多大。

（3）投资者固定收益率。投资者有相对固定的收益率，ZOPA为投资者提供两个期限的回报利率，3年期回报率为3.9%、5年期回报率为4.9%。ZOPA的业务类型有点像债券，但比债券更方便，投资者只需付手续费就能将资金取回。投资者资金被拆分成多份借出后，利率或高、或低、或等于4.9%。ZOPA信守向投资者所做的"利率保证"承诺，投资者回报率保持不变。假如投资者回报率低于4.9%，ZOPA则从营业收入中补给。其他P2P网络借贷公司提供给投资者的收益率甚至远高于ZOPA，但不承诺回报率保持不变，投资者收益率随时面临下降风险，所以ZOPA对投资者仍有很大吸引力。

● 1.2.3 ZOPA模式的特点

ZOPA公司的利润主要依赖佣金的收取，收取投资者投出资金总额1%的服务费、收取借款者30～610英镑的手续费。

ZOPA模式特点在于针对不同风险水平的资金需求者匹配适合的资金借出人，而资金借出人以自身报出的借款利率参与竞标，利率低者胜出。

在信贷风险管理上，ZOPA公司除了对接主流信用评分机构，还对借款人和投资者设置了严格的准入门槛。ZOPA明确规定借款人必须满足如下条件：凡18周岁以上具有合法身份的英国公民，或在英国居住三年以上，并有相关证明；在英国信用评估机构有信用记录；借款者必须有一份正式工作，待业或无业者不能申请借款；借款可用于私人消费，如购车买房、房屋装修、付税等，但对于将借款用于发展事业，还必须有营业方面的附加要求；投资者只能投资属于自己的资金，领取《消费者借贷许可证》的人不能投资；小型借贷机构不能投资。

ZOPA公司还会对借款人的资金使用提供建议，并签署合同，在借款人逾期不还的情况下交由专业公司进行追偿，同时设置安全基金。该基金类似于风险准备金，主要用于贷款违约时替借款人偿还未支付给投资者的本金和利息。

ZOPA公司资金运营具有分散借款、划分信用等级、按月强制还款的特点，公司精力集中在控制信贷风险管理上。ZOPA的信贷管理模式凭借高效、便捷的操作方式和个性化的利率定价机制使借贷双方共同获益，所以模式得到广大投资者与借款者的关注和高度认可，其经营管理模式迅速被世界各国P2P网络借贷公司复制和传播。

1.3 ▶ 美国P2P网络借贷模式

自2005年全球第一家P2P网络借贷公司ZOPA在英国成立，世界各国P2P网络借贷平台先后成立。美国第一家P2P网络借贷平台Prosper（繁荣市场）于2006年2月成立，紧接着2007年10月，Lending Club（借贷俱乐部）在加利福尼亚州成立。2008年以后，金融危机的爆发和Web2.0的发展，再加上行业监管政策的明朗化，使得整个P2P网络借贷得以迅速发展。

2014年12月11日，Lending Club以每股15美元在纽约证交所挂牌上市发行，增发30万股，当日报收23.43美元，较发行价增长65.2%，成交量高达4500万股，市值达85亿美元。Lending Club成功上市，是P2P网络借贷行业的标志性事件，意味着其完成资源整合并确定了成熟的商业经营模式，对P2P网络借贷发展是一个积极信号。这一方面表明P2P网络借贷模式得到了资本市场的认可，另一方面说明创新金融有无限广阔的市场发展前景。

Lending Club的创立，完全是创始人拉普兰切的灵感。在同一天，拉普兰切收到来自银行的两张账单，一张是银行贷款单，显示以17%的年利率向银行借款，而另一张是银行存款单，年利率只有0.5%。如此强烈的反差，刺激了拉普兰切创建一个借贷平台的想法。凑巧，拉普兰切在一次向朋友借款的经历中发现，朋友给出的条件要比银行"厚道"得多，两者相结合，便成了Lending Club最初的商业模式。

Lending Club的业务发展，大致经历了三个阶段。

◉ 1.3.1 原始的本票阶段（2007.06～2007.12）

Lending Club成立之初，通过社交网络脸书（Facebook）开展业务。创业者当时想法很简单：在互联网上建立一个集市，在资本源头（投资人和存款者）与资本的使用者（消费者和借款人）两者之间建立一个更高效的分配机制，其目标是改革银行体系，让贷款利率更低，让投资回报率更高。按照这一思路，当贷款需求被成功认购后，借款会员向P2P网络借贷公司签发贷款本票。随后，P2P网络借贷公司向会员发放相应金额的贷款，并将借款会员签发的贷款本票转让给相应的投资会员。在这个过程中，Lending Club实际上充当了贷款本票的中介转让方，并为贷款提供后续服务，通过收取服务费盈利，并不承担贷款风险。但Lending Club向借款人发放贷款，需要取得各州的借款执照，并确保每笔贷款利率低于各州的利率上限，这极大限制了Lending Club以统一的标准向全国各州扩展业务。

◉ 1.3.2 银行经营模式（2008.01~2008.03）

Lending Club公司成立半年以后，与WebBank签订合作协议，转为银行经营模式。在银行经营模式下，当贷款需求被成功认购后，借款会员向WebBank签发贷款本票。WebBank向借款会员直接发放相应贷款，并将借款会员签发的贷款本票以无追索权的方式平价转让给Lending Club公司，即时收回发放出去的贷款资金。也就是P2P网络借贷公司通过WebBank，以对P2P网络借贷负有还款义务的信用凭证的形式，向借款人发放贷款，同时设立对应的信用凭证，WebBank再将这些信用凭证出售给放款人（投资人）。

◉ 1.3.3 证券经营模式（2008.10~至今）

2008年10月，Lending Club经过联邦证券委员会（SEC）注册批准，成为第一家按SEC安全标准提供个人贷款的公司。这意味着，在Lending Club公司的P2P网络借贷平台上的投资资金享受政府的保护。随后，银行经营模式也发生了新的变化，借款人的贷款仍然是由WebBank发放，然后WebBank会将债券卖给P2P网络借贷公司，P2P网络借贷公司再将这些贷款以收益权凭证的形式卖给放款人。投资人买的是Lending Club公司发行的"会员偿付支持债券"。通过这种形式，投资人成为P2P网络借贷平台的无担保债权人，而不是借款人的债权人。推行证券模式经营以后，Lending Club迅速将业务拓展到美国全境，成为美国P2P网络借贷市场上的"龙头老大"。

由于Lending Club公司采用了证券经营模式，P2P网络借贷平台可以发放债券（证券），这为业务创新奠定了坚实的基础。成立7年来，Lending Club公司实现营业收入9800万美元，累计撮合50亿美元贷款，向投资人支付近5亿美元利息，是竞争对手Prosper公司的4倍。从2013年起，公司开始盈利。

Lending Club经营模式有如下显著特点。

（1）贷款无抵押。Lending Club交易全部基于P2P网络借贷平台，借款人可以在其网站上创建一个贷款申请表，并提出贷款申请，所有贷款均为无抵押个人贷款，金额限制在1000～35000美元之间。Lending Club之所以选择无抵押贷款模式，主要是由于受到高利率的驱动，相较于抵押贷款，无抵押贷款利率更高。同时，办理抵押手续颇为繁琐，对抵押物品的估值需要投入大量的人力、物力并要签署一系列安全协议，提交财务报表。如此繁杂的程序势必增加运营成本，延长贷款流程，令借款人望而却步。

（2）贷款由信用评级决定。Lending Club的贷款审查极为严苛。其信用评级由A～G共7档，网站根据借款人的信用评分、信用历史、贷款金额和负债收入比率等数据进行综合评估，给出评级。之后，Lending Club根据该评级，决定借款人有无资格申请贷款，并核算出借款应付的利息和费用。为了严格控制风险，Lending Club拒绝了90%左右的贷款申请者，仅选取信用度极高的借款人；对于信用稍差的借款人，则施以高利率以补偿可能遭受的风险。数据显示，截止到2013年3月底，Lending Club的借款人平均信用评分为706分，有信用记录在14年以上，工作经验7年以上，负债收入比率为16%，借款人年均收入为70491美元，平均贷款额度为12855美元；贷款主要用途为还信用卡、购买大件物品等；贷款期限通常为3年。如果借款人想申请5年期的贷款，则需要缴纳更高的费用以及承担更高的利率。

⦿ 1.3.4 贷款利率由P2P借贷平台决定

投资者可以通过Lending Club公司的网站搜索借款人的借款申请，并根据平台提供的信息择优放贷。贷款利率则由Lending Club公司决定。投资人可以自由决定在每个借款人处投放多少金额，但每笔金额最小起点为25美元。投资人可以将资金投放至多个借款人账户中，以降低贷款风险，并通过贷款利率获取收益。利率则根据借款人信用级别、使用期限及其他因素决定，年利率从7.6%～24.9%不等。如果投资者想在贷款收回前套现，还可以将其债权在二级市场上进行转卖，这项转售业务由Lending Club公司合作伙伴在另一平台上完成。这也标志着Lending Club从一级P2P网络借贷市场华丽转身，将业务触角延伸至二级交易市场。一般在债券交易平台上，逾期16天内的债权能在10%左右的折扣下售出，逾期16天至30天的债权可以在30%左右的折扣率下成交。

⦿ 1.3.5 不承担连带担保责任

Lending Club不承担贷款担保责任。Lending Club公司通过P2P网络借贷平台将借款人和投资者双方的资源进行整合配对后，再把所有贷款以债券收益凭证形式卖给投资者。Lending Club由此成为P2P网络借贷平台的无担保债权人，而不是借款人的债权人。当借款人出现违约时，Lending Club把债务转交给讨债律师进行追讨。如果债权人破产或拒绝还款，出借人（投资人）则要独自承担投资损失，Lending Club公司并不给予任何补偿。

在整个交易过程中，Lending Club始终扮演中介角色，为借贷双方提供匹配，但决不染指任何资金保障的相关服务，这种特有的商业模式巧妙地规避了信贷风险。

◉ 1.3.6　盈利模式

Lending Club主要通过收取交易佣金来实现盈利。与传统银行赚取利息净差不同，Lending Club无意涉足存、贷款利率之间的差额，只充当券商中介角色，着眼于"交易佣金"，在促成交易时，实行双向收费，向投资者收取1%的管理费，在向借款人放贷时，则根据信用等级征收1.1%～5%的"融资费用"，向投资基金收取管理费，费率在每年0.7%～1.25%之间。虽然收入总体不高，但Lending Club公司有巨大的成本优势，因为传统银行的信贷经营成本约为5%～7%，包括分支网点、准备金等，而Lending Club公司这些都没有，实际信贷经营成本只有2%，包括管理、授信、服务成本等。

1.4 ▶ 国外P2P网络借贷发展也"疯狂"

过去10年，P2P网络借贷业已经在世界各国蓬勃发展起来，英美两国更是全球P2P网络借贷领先、成熟的市场。英国是P2P网络借贷的发源地，拥有众多的P2P网络借贷公司，在全球前20大P2P网络借贷公司中就有10家集中在英国。美国则拥有全球规模最大的两家P2P网络借贷公司以及成熟的管理经营模式，逐渐被大众所接受。由于P2P网络借贷的过程本质上是基于互联网之上的金融脱媒，摒弃了传统银行吸收存款、发放贷款的模式，通过一个网络平台实现了借款人与出借人的配对，P2P网络借贷平台运营资金与贷款资金严格分离，并且申请手续简单、审核时间快、隐性成本低、借款人可以在短期内获得资金，从而提高了金融服务效率，为众多资金需求者提供了融资新途径，成为正规金融机构的有效补充，迅速在世界各地生根。

P2P网络借贷作为一项金融业务创新，尽管西方国家银行体系发达，可供P2P网络借贷发展空间十分有限，但凭借自身的旺盛生命力，横向上拓展信贷市场，纵向上深挖广大民众消费需求，仍然获得较快发展。

◉ 1.4.1 德国的P2P网络借贷业

德国是欧盟人口最多、经济实力最强的国家，其消费贷款总规模约为2250亿欧元，巨大的消费市场为P2P网络借贷行业的发展奠定了坚实基础。德国的P2P网络借贷行业诞生于2007年，发展规模和速度在欧洲仅次于英国。P2P网络借贷平台市场主要由Auxmoney与Smava两公司垄断，两公司借助网络平台，为个人和个人间借贷提供小额贷款中介服务，其主要特点如下。

（1）对借款人进行资信评估。Smava委托德国信用评级公司对借款人进行强制评级，并根据评级优劣将借款人分为A级～H级。Auxmoney不强制对借款人进行评级，但要求借款人必须满足如下条件：年龄介于18岁～70岁之间；德国居民；拥有一个储蓄账户。借款人可根据意愿公开自己的其他信用信息，也可委托Auxmoney对其进行评估。Auxmoney将审查借款人就业记录、银行账户及征信状况等，作为其发放贷款的参考。

（2）贷款需要通过公开拍卖方式达成。P2P网络借贷公司要求所有借款人将资金需求挂在网络平台上，内容包括借款金额及最高可承受利率，贷款人展开自由竞标。Smava要求单笔借款金额必须介于1000欧元～5万欧元之间；贷款人投标金额是250欧元的倍数。Auxmoney要求单笔借款金额必须介于1000欧元～2万欧元之间；贷款人投标金额应是50欧元的倍数，最高不超过5000欧元。拍卖需在规定期限内结束，如Auxmoney规定每笔拍卖应持续14天。在这段时间内，贷款人可认购贷款金额并提出利率报价。拍卖结束前，贷款人可自由更改原有报价。拍卖结束，借款人将按报价优劣对贷款人进行排序，直至筹足所有资金。这种方式被称为"荷兰式逆向拍卖"。

从2013年2月起，Auxmoney改革了拍卖方式，不仅将拍卖期限延长至20天，同时还规定，一旦认购金额等于借款额，拍卖自动结束。贷款协议达成后，Smava会按贷款金额的1%向借款人收取中介费；Auxmoney则向贷款人收取1%的中介费。

（3）Smava和Auxmoney都不承担信用风险。在Auxmoney中，由贷款人承担所有风险；在Smava中，贷款人可采用两种方法规避风险，一是委托Smava将不良贷款出售给专业收账公司，通常可收回15%～20%本金；二是利用"同类贷款人共同分担"原则分担损失。Smava将借款人信用分为8级，贷款期限有3年和80个月两种，因此共有16类贷款。

Auxmoney是德国最大的P2P网络借贷平台，从2007年上线到2014年底，累计贷款额达1.62亿欧元。在借款人端，个人贷款金额上限为25000欧元，期限为12到60个月，按照Auxmoney给借款人的信用分数来确定贷款利率。对于出资人，最低投资金额为25欧元，而且允许机构投资者投资，平台会随机指定一些贷款为不可拆分的贷款。Auxmoney最特别的地方是允许借款人用汽车来担保部分贷款。

1.4.2　瑞典的P2P网络借贷业

北欧的P2P网络借贷平台数量虽然少，但实力不容小觑。其中名气和规模最大的应属瑞典的P2P网络借贷公司TrustBuddy。2011年TrustBuddy在纳斯达克交易所成功上市，成为世界上第一家在公开市场交易的P2P网络借贷公司。TrustBuddy以短期贷款起家，其独特的模式在欧洲占据巨大的优势，2014年分别斥1590万欧元和5300万欧元巨资，收购了荷兰和意大利两家知名P2P网络借贷平台，补充并完善了自身平台的产品生产线，并享有跨国独立运行业务的自主权，使其进一步国际化。通过收购，TrustBuddy拥有荷兰金融管理局授予的信贷牌照，在金融高度监管的意大利获得P2P网络借贷的业务许可证。TrustBuddy业务几乎覆盖了P2P网络借贷行业所有的业务品种，业务范围覆盖大半个欧洲。2014年，Trust Buddy全年的贷款量达到1.25亿欧元。

◉ 1.4.3 爱沙尼亚的P2P网络借贷业

爱沙尼亚位于波罗的海沿岸，1991年独立后，经济高速发展，资讯科技发达，被称为"波罗的海之虎"，被世界银行列为高收入国家。爱沙尼亚由于国小人少，国内市场相对狭小，但该国P2P网络借贷行业大多数选择跨国经营的路线，发展不乏亮点。其中P2P网络借贷公司Bondora是最早进行国际化运营的平台，在斯洛伐克、西班牙、爱沙尼亚和芬兰等欧洲国家开展借贷业务，投资人主要来自于德国、奥地利、瑞士、英国、芬兰、瑞典、挪威等国家。

Bondora于2008年上线，是世界上P2P网络借贷行业发展最快的公司之一。该平台充分利用了该国传统银行给优质借款客户20%～26%的高利率以及低效率这种极不平衡的缺点，发挥自身所长，操作营运P2P网络借贷平台。

Bondora拥有一套非常全面的风险控制标准，信用数据来源于信用局、银行数据以及借款人提供的信息。为了避免投资人的资金损失，整个风险控制流程需要计算多达10项偿付能力。此外，5欧元的最小投资额基本上是欧洲的最低门槛，平均每人每笔投资25欧元，活跃投资人的投资中值为7000欧元。截止到2014年底，Bondora累计支付投资人利息收益三百多万欧元，投资回报平均达10%，累计发放贷款3398万欧元，贷款年利率跨度12%～34%。

为了提高投资人的资金流动性，Bondora于2013年3月引入二级市场机制，提供贷款收益权转让服务，现在已有超过24400个贷款项目等待交易。目前Bondora在西班牙等4个欧洲国家开展借贷服务，并接受英国金融行为监管局的授权与监管，获得了欧洲广大投资者的信赖。Bondora的业务主要还是服务于爱沙尼亚国内。据统计，国内贷款约占其全部贷款总额的551，芬兰位居第二约占30%，西班牙约占14%，斯洛伐克约占1%。

◉ 1.4.4 韩国的P2P网络借贷业

与英美等国相比，韩国金融业发展历史比较短。针对P2P网络借贷行业监管立法重形式轻实质的情况，具体到P2P网络借贷行业，韩国政府将所有线上按P2P网络借贷模式经营的公司与一般的商品中介公司等同对待，将两者均视为网络电商，并按照网络电商中介的监管立法对P2P网络借贷公司进行监管。

韩国政府对P2P网络借贷行业的监管主要体现在如下三方面。

（1）有限的信息披露。1999年通过的《电子商业基本法》着重强调了电商有确保客户交易环境安全的义务和保密的义务。如第13条规定：电子交易者在未经客户信息所有者书面同意的情况下，不得在其收集此种信息的目的范围之外使用该信息，或者向任何第三方提供其通过电子商业途径收集到的个人信息。

（2）鼓励电子商务发展。《电子商业基本法》第20条规定：政府应制定并实施行动促进电子商业的发展。第27条甚至规定"国家或当地自治机构可以根据税法的相关规定提供税收优惠，如税收豁免等，以促进电子商业发展。

（3）禁止性规定。韩国《电子商务交易消费者保护法》第21条对电子商业经营者提出下列禁止规定：通过虚假信息或夸张信息，或使用欺骗手段，诱导消费者进行交易；未及时设置处理投诉所必要的人力或设备，导致消费者权益损害的行为；在消费者未提出要购买的情况下，单方面提供商品并要求消费者支付该商品价款的行为；未经消费者同意或超过同意范围，使用消费者相关信息的行为。

由于这些方面的规定，韩国的P2P网络借贷行业发展存在一定的局限性。Popfunding虽然早在2006就已经上线营业，但相对于美国、英国等国的P2P网络借贷业的快速发展，Popfunding的P2P的网络借贷行业发展不温不火。2014年12月才上线的"年利率8%"P2P网络借贷平台，2015年2月2日就收到韩国金融监督院的通知，勒令关闭其网站。在韩国，金融的壁垒仍然是很高。

第2章 外来和尚难念中国"经"

都说"外来的和尚会念经",但是,这次不灵验了。P2P借贷平台移植到中国后,发展过程中遭遇了诸多"水土不服"的瓶颈:征信体系建设滞后、借款人信用缺失等。在经过几年摸索,相继建立先垫付、引入担保等机制后,终于突破瓶颈,迎来了P2P借贷在中国的疯狂成长。

2.1 > 透过"打会"看P2P网络借贷

其实早在尤纳斯提出概念、ZOPA模式运作之前,这种"个人对个人"的借贷行为早在我国民间广泛存在,被人们称为"民间借贷"。其历史最早可追溯至井田制瓦解的春秋时期,随着商品经济的发展,民间借贷规模也随之壮大。在改革开放前的计划经济时期,由于家庭收入微薄、物资匮乏,城市居民中仍有"打会"形式存在。打会又称标会、抬会、跟会,是具有悠久历史的民间信用互助形式,建立在亲情、友情、乡情等血缘、地缘关系的基础上。如普通百姓遇有结婚、生病、建房等急需用钱的情况时,人们通过打会互相帮助且互利互惠。

打会这种借贷形式始于何时无从考证,它是由发起人(称为会头)邀请若干人(称为会脚)参加,组成一个临时、松散的利益小团体,约定期限(一般按月或季)按期举行,每次会脚认缴一定数量会款,轮流交由一人使用。作为回报,会头优先使用第一次会款,以后根据不同方式(一般多采用抓阄)确定使用次序,会脚轮流使用。每个会脚中标后完成一个周期，这期打会结束。打会最直接的受益者，是会头，在会头急需现金时，不需要向别人借。

随着城乡居民手头闲置资金的增多，为了抗拒通胀贬值的压力，在投资渠道比较单一的情况下，居民手中资金大量涌入民间借贷市场，同时"打会"在形式和内容上也发生了较大变化。除会头继续享有第一次资金使用权外，第二期资金则采用暗标形式，谁愿意支付最高利息便获得当期资金使用权，此后依此类推，直至结束。"打会"的性质已从单纯的互助互惠完全变成了一种非正规的金融活动。会头虽然获得首期免息资金使用权，但要承担定期组织合会、催缴会金的义务，同时还要承担会脚无力缴纳会金的垫付风险。会脚经会头邀请参会，他们中有的会脚虽损失了部分资金利息而优先获得当期资金使用权，更多的会脚要承担会头和其他会脚可能违约的风险。

"打会"仅仅是民间借贷中的一种方式，但却与P2P网络借贷具有许多相同的共性。

（1）操作简单，容易接受。与正规金融机构的信贷业务相比，在"打会"操作正常、资金链条不断、付费收缴正常的情况下，急需资金的"会头"通过"打会"迅速筹集到急需资金，手续简单、无须任何抵押和担保手续，符合广大居民的小额融资习惯，不存在任何技术障碍和壁垒。

（2）正规金融渠道无法满足民间的资本需求。"打会"或民间借贷的资金运作没有法律依据，相关政策法规也是空白，没有任何约束限制，完全是因会头急需资金，由会头个人发起并组织实施。组会、融资方式十分方便。

（3）类似于按揭贷款，还款压力小。对于参会的人来说，会头享有充分的资金支配权，急需资金能及时到位；其他会脚虽然有一些利息损失，但保证了使用，而且是一次性收入，分期偿还，如同按揭贷款，还款压力小。

"打会"这种传统的民间资金借贷行为与P2P网络借贷还是有着天壤之别。由于P2P网络借贷公司在借贷关系中扮演着第三方渠道的角色，能够在借贷双方之间以独立身份对借贷双方进行客观公正的评价，最终获得借贷双方的认可，维护借贷双方的合法权益。为了保证借贷业务的有序展开，P2P网络借贷公司需要制定标准化的流程和统一的行业标准，使借贷双方共同遵守，让借贷行为变得规范化、制度化。同时，P2P网络借贷还展现出民间借贷甚至银行的信贷业务所不具备的独特优势，其具体优势如下。

◉ 2.1.1　业务效益化

参与P2P网络借贷的双方，借款人是为了获得资金支配权，而出借人（投资人）则是为了资金增值，获取最大收益。在传统银行的借贷关系中，用户将钱存入银行，是为了储存资金，虽也有资金增值的动因，但实际收益往往可以忽略不计；在民间借贷中，如"打会"，参与者大多是出于亲缘、地缘关系而出借资金，借出资金主要是为维护亲缘关系而不是资金增值；而P2P网络借贷则根本不同，借贷双方通过网络平台建立了借贷关系，资金出借人（投资人）的目的就是为了资金增值，获取收益。P2P网络借贷实质上是投资工具。投资人投资P2P借贷平台，实质上是购买了债权产品。

◉ 2.1.2　信息透明化

P2P网络借贷以网络为中介，突破了信息传递的时间和空间限制，其直接结果是信息相对透明，借贷双方撮合效率提高、撮合时间缩短、撮合成本降低，并且信息直接在借贷双方对接，减少了中间环节，保证了信息在传输过程中真实有效。

◉ 2.1.3 关系扁平化

与传统民间借贷相比，P2P网络借贷最大特点是"个人对个人"，即最终的资金供给方和最终的资金需求方直接建立借贷关系，资金链条短，信贷关系扁平化。这有两方面的好处：一方面，不存在多次借贷关系，最终的资金供给方（投资人）有可能获得更高的利率，最终的资金需求方（借款方）有可能以较低的利率取得资金支配权，提高了借贷效率；另一方面，P2P网络借贷作为借贷双方的信用中介，与借贷双方没有任何利益联系，不会因为P2P网络借贷公司资金链断裂而诱发整个借贷体系的风险。

◉ 2.1.4 利率市场化

P2P网络借贷平台的资金利率由两种方式确定：一是在借出资金有担保的情况下，借款人获得的资金利率通常是由资金担保方决定，借款人付出的资金成本等于贷款人（投资人）获得的收益加上担保风险报酬；二是在借出资金无担保的情况下，借贷资金利率通常是由借贷双方竞价决定。无论采取哪种方式决定资金利率，资金价格（利率）都是市场真实价格的反映。

尽管民间借贷具有灵活、方便、融资快和吸引力强等多种优势，但由于受地域、时间和群体参与者等因素限制，民间借贷这种古老的借贷方式暴露出了如下几点致命的劣势。

◉ 2.1.5　民间借贷分布极不均匀

由于地区经济发展不平衡，各地资金存量资源差别很大，民间借贷规模和活跃度差别极大。地区经济越发达，资金需求量越大，民间借贷越活跃，借贷规模越大；反之，民间借贷规模越小，发展相对滞后，资金更加贫乏，如我国东南沿海地区的民间借贷活动远远大于西北内陆地区。

◉ 2.1.6　资金定价机制混乱

资金价格（利率）是民间借贷市场最大的变量，也是核心因素。虽然看起来资金价格（利率）是由借贷双方自由议定，但决定其高低的因素却是资金市场上的资金供求关系、风险报酬、机会成本等。在实际操作中资金定价机制混乱，具有随机、随意和差异化大的特点，资金年利率在12%～40%内不定，同一项资产，在不同地区、不同时间获得资金的成本差别大。

◉ 2.1.7　民间借贷缺乏抗风险机制

一些司职民间借贷的机构或个人看似一本万利、春风得意，但在风光无限的另一面，却时常处于各种叠加风险的重压之下，这些风险主要有贷款发放的"信贷风险"、国家产业和利率政策调整的"政策风险"、业务操作中的"违规风险"、资金来源中的"成本增高"风险以及经营过程中的"资金链断裂"风险等。但民间借贷机构缺乏资金预警及防范机制，化解风险能力十分脆弱，一旦其中某一个环节出现风险，超过业主的承受能力，就会酿成全局性溃败，业主无力救助，只得仓皇逃走，造成一定范围的社会风波。

◉ 2.1.8 游离于法律之外

民间借贷的最大魅力在于灵活、方便，借贷双方协议借款，流程简便，没有条条框框的束缚、限制，只要借贷双方认可、接受，是否合规合法并不重要。可民间借贷一旦出现经济纠纷，这些优势便荡然无存，变成最大劣势。由于其法律地位不明确，不属于国家监管范畴，更多的是在地下或半地下活动，同时借贷双方约定的内容很难得到法律的保护，往往演变为暴力索债。

P2P网络借贷实质上是一种基于互联网的民间借贷方式。它有效克服了民间借贷范围受限、需求匹配难、风险高等方面的不足，规避了民间借贷行为，为民间借贷阳光化提供了可靠的商业化经营模式，加快了市场金融化进程。

P2P网络借贷平台一方面为资金需求方（借款人）拓宽了融资渠道，使他们有了更多的比价机会，且随着P2P网络借贷市场化程度提高，其行业规律逐步回归为风险和收益成正比，使一些优质借款人或企业的融资成本越来越低；另一方面，P2P网络借贷平台也为许多高资产净值用户提供了以出借为手段的理财投资模式，相比期货、股市、楼市等投资渠道和产品，收益比较直观、风险相对较低，让许多民众能充分享受改革创新的红利。

◖2.2 ＞ P2P网络借贷发展"三部曲"◗

1973年出生的唐宁，在1995年大学毕业后赴美攻读经济学，经美国南方大学一位教授引荐，于1997年去孟加拉国，师从"小额信贷之父"

尤纳斯，考察格莱珉银行，从而确立了"穷人有信用、信用有价值"的理念，萌发了"要将世界上最先进的信用理念和模式带回中国，以模式创新、技术创新和理念创新，服务中国高增长人群和大众富裕阶层"的宏伟构想。2006年5月，唐宁在北京成立宜信公司，首次将P2P借贷概念和模式引入中国。

自此，P2P网络借贷开启了在国内的漫漫征程。当暗流汹涌的民间借贷搭上创新模式的P2P网络借贷的快车，其释放的巨大能量是惊人的，不仅让民间借贷获得了新生，也让借贷行为变得更广泛、更便捷、更直接、更顺畅，成本变得更低，而且演绎出无数无限精彩的故事。

◉ 2.2.1 行业导入、探索期（2007年~2011年）

虽然宜信公司是第一家将P2P经营理念和模式引入我国的公司，但宜信公司不是严格意义的P2P网络借贷平台，它采用了"债权转让"模式。所谓债权转让，是指从借款人处购买债权，再将债权转让给投资人。具体操作上，宜信公司首先从"普惠金融"端发放贷款给借款人，形成债权；再把这些债权根据种类和期限划分为不同种类，进行拆分组合，形成不同类别"债权包"；然后再将"债权包"包装成"P2P类固定收益产品"的形式放在网站平台"财富管理"端；接着，宜信公司利用大量销售人员进行大范围销售，最后把"债权包"或被称"理财产品"销售给投资人，完成债权转让的全过程。这种模式在当时并没有引起国人太多的关注。

2007年6月，上海拍拍贷金融信息服务公司（简称"拍拍贷"）上线，标志着我国第一家基于互联网的P2P网络借贷平台正式投入运作。拍拍贷的业务运作基本上套用ZOPA模式，并有所改进，让许多敢于尝试互联网投资的投资者认识了P2P网络借贷模式。截止到2009年底，国内可统计的P2P网贷平台不到10家。到2011年底，全国范围内的P2P网络借贷平台不到20家，月成交额近5亿，实际有效投资人数不到1万人，主要集中在上海、深圳等地。比较活跃的P2P网络借贷平台有拍拍贷、宜信、红岭创投等。

国内P2P网络借贷在早期创业阶段，其创业者绝大部分都是互联网出身，没有民间借贷和金融从业经验，其经营模式基本上复制英美等国，以信用借款为主，只要借款人在网络平台上提供个人资料，平台进行简单审核后就给予一定授信额度，借款人基于授信额度在平台上发布借款标。在这个阶段，对于投资者来说，投资收益较高，同时投资风险也很高。

P2P网络借贷在市场上的定位十分尴尬，基本上是处在央行不管、银监会不问、民众不了解的地位。

● 2.2.2 行业扩张发展期（2011年~2012年）

这一时期，P2P网络借贷发生了一些细微变化。一些具有民间借贷经验同时又关注互联网发展的创业者开始试办P2P网络借贷平台。同时，国内的计算机软件开发公司已经开发出相对成熟的P2P网络借贷平台模板，每套售价3万~8万元不等，弥补了这些有民间借贷经验的创业者开办P2P网络借贷平台技术上的欠缺。基于这些因素，开办一个P2P网络借贷平台的成本投入在20万元左右。由于技术的提高和开办门槛的降低，P2P网络借贷引来许多创业者涉足，国内P2P网络借贷平台从20家迅速增加到240家左右。截止到2012年底，全国P2P网络借贷月成交额达30亿元，有效投资人数达3.5万以上，可统计P2P网络借贷线上余额超过100亿元，如果加上未统计的线下业务，借贷规模应超过500亿元。

由于这一时期的P2P网络借贷平台的许多经营者有长期线下民间借贷

经验，较为了解民间借贷风险，特别吸取了P2P网络借贷平台前期贷款逾期严重、死滞资金过多、一些借款人通过不正当手段借到贷款后，从此"人间蒸发"的教训，贷款发放变得谨慎，一般采取线上融资、线下放贷，以寻找本地借款者为主，对借款人的资金用途、还款来源、偿债能力以及抵押物方面进行实地考察，有效降低了风险，投资者的资金安全度有所提高。

◉ 2.2.3　疯狂成长蓄积风险期（2013年～2014年）

2013年初，央视多次报道P2P网络借贷，这标志着国内主流媒体开始把P2P网络借贷当作一个行业看待，加上当年国内各国有商业银行开始收缩贷款规模，很多不能从银行渠道获得资金支持的企业纷纷把目光投向P2P网络借贷平台，更有许多在民间从事高利借贷的投机者也从P2P网络借贷平台中看到了商机，纷纷插足P2P网络借贷平台。所以，这一阶段国内P2P网络借贷平台数量急剧增加，从前一年的240家猛增至600家，2013年底月均成交额达到110亿元，有效投资人数达到13万。

随着P2P网络借贷平台数量的快速增加，P2P网络借贷行业的竞争也日趋激烈，相关风险也在不断蓄积。2013年P2P网络借贷平台经营困难、倒闭跑路事件频繁出现，全年高达74起，超过之前所有年份总和的3倍之多，而且主要集中在下半年。据统计，2013年9月～11月份，全国各地逾40家P2P网络借贷平台爆发提现危机。由于资金链断裂出现停业关闭、跑路事件，P2P网络借贷平台风险一时成为舆论关注焦点。

而同时，由于P2P网络借贷市场的扩大、关注度的提升和监管部门少有的宽容态度，导致大量风险投资机构更加看好这一行业。从2013年下半年开始，风险资本进入P2P网络借贷行业的步伐明显加快，包括一些金融大鳄和电商巨头，都铆足劲准备在这一行业分得一杯羹。2013年11

月～2014年4月，公开宣布的P2P网络借贷融资事件就有6起，融资总额突破2亿元。

进入2014年，P2P网络借贷仍以不可阻挡之势迅猛发展，各类P2P网络借贷平台纷纷上线，纪录不断刷新。截止到2014年底，P2P网络借贷平台运营数量达到1575家，借款人数46万，有效投资人数达110万，行业总成交额达到2528亿元。

有人形象地比喻：2013年是我国"P2P网络借贷发展元年"，2014年则是"P2P网络借贷爆发之年"。P2P网络借贷由于门槛低、收益可观、产品新颖，瞬间打通融资、理财两端，受到广大民众的青睐。我国成为全球首屈一指的P2P网络借贷市场。

P2P网络借贷之所以在我国呈"井喷"态势"野蛮增长"，短短几年间红遍大江南北，离不开供需两端广大的市场空间。

在资金需求端，刚性需求强。我国六千多万家企业中，95%以上是中小企业。长期以来中小企业"贷款难"一直是困扰企业发展的大难题，因为众多中小企业自身信用评级低，甚至没有信用评级，财务资料不规范、不完备，同时又没有足值抵押物，难以取得银行的贷款支持，长期患有严重的资金"饥渴症"；即便符合银行的借款条件，也要身体力行地前往银行递交申请、提供繁复材料，之后经过冗长的时间等待才能办理成功。

所以，中小企业经营中遇有资金需求时，常常是向小额贷款公司或民间借贷寻求资金支持，虽然利率高于银行，但手续简单、方便及时，不影响企业的资金使用。即便如此，中小企业也常受到小额贷款公司和民间借贷资金实力的限制，有效资金需求得不到满足，直接导致经营艰难、发展乏力。同时，在快速生成的庞大高成长人群中，许多人自身资金积累不足，却有比较旺盛的消费资金需求，用以改善生活条件和提高生活质量。这些弱势群体从传统金融获得金融服务非常困难，却给P2P网络借贷行业的发展提供了很大空间。

在资金供给端，同样是刚性强。由于社会保障机制不健全，城乡居民各种潜在资金需求刚性增加，如生病意外需要钱、子女教育需要钱、退休养老需要钱等，让普通民众拼命攒钱，不敢消费，民间资金越蓄越厚。据资料显示，民间可供用于投资的资本总量在50万亿元以上，民间居民迫于居高不下的通货膨胀的压力，急切渴望财富增值、保值，但可供人们选择的理财投资渠道却少得可怜。股市震荡且20年股指不升、楼市低迷且前途未卜、基金门槛高、黄金不保值、银行存款利息低且存取不便。在这样的背景下，带有"普惠"特点的P2P网络借贷生逢其时，作为互联网时代一种网络融资模式，虽然本质与民间借贷并无区别，但起点低、门槛低、收益高，不仅为众多民众提供了方便迅捷的高收益平台，解决了理财难题，而且有效缓解了中小企业融资困难的压力，受到民众的青睐。

这正应了那句"有需求就有市场"的金科玉律。

2.3 > P2P网络借贷"成长的烦恼"

P2P网络借贷的成长历程如同一个人的成长，需要经历童年的无知懵懂、少年时期的叛逆冲动，最终走向成熟并勇敢承担起肩负的重任。P2P网络借贷也是如此，每一个成长阶段既有辉煌的骄人业绩，也会面临这样或那样的问题，甚至会走一些弯路，遭遇坎坷，这都属常态。

可以预见的结果是，随着P2P网络借贷行业高速增长，其累积的雄厚客户基础和巨大的借贷市场会要求行业在喧嚣之后，逐渐回归理性，自觉进入整合期，找到自身发展的不足并加以改进，实现优胜劣汰，推动行业快速健康发展；国家在扶持互联网金融创新的同时，也将出台、完善行业监管政策。届时，一批不正规的P2P网络借贷平台将面临出局。

从某种程度上来说，P2P网络借贷在英美等国发展得有声有色、风生水起，获得巨大成功，完全得益于P2P网络借贷平台仅仅作为单纯的信息中介，负责制定交易规则和提供交易平台，并不负责交易过程及贷后的资金管理，不承担借款人违约带来的资金损失，并且整个借贷交易完全是在互联网上完成。如果不加改造，机械地把这种典型的P2P网络借贷模式移植到中国来，不仅是"水土不服"，甚至能否存活都是一个问题。

◉ 2.3.1 信用环境不同

P2P网络借贷行业看似是对接借贷双方的平台，实质上经营的是风险和信用。在英美等发达国家，个人信用制度建设已有一百多年历史，形成了一套科学化、规范化、法制化的信用运行机制，完善的个人信用制度已经成为国家市场经济正常运行的基础。英美等国已经形成以商业性个人信用机构组成的社会征信局为基础机构的国家社会信用管理体系，个人信用不仅包括借款人基本的信用资料，也包括与借款人信用相关的历史资料，比如未偿还债务、信用卡使用、其他金融部门借款以及消费等方面信用信息。

不管是ZOPA公司，还是Lending Club公司，个人资信评估不仅决定贷款的贷与不贷，而且还是决定贷款利率高低的重要依据。而我国的个人信用体系建设不健全、不完善，个人信用资料匮乏，仅有的一点并不反映个人债权和债务、信用状况的信息资料分散于公安、街道、单位等各部门，而这些部门各自为政，处于封闭状态。

人民银行组织商业银行建立了个人信用数据库资料。人民银行2005年明确规定："个人信用报告仅限于中华人民共和国境内设立的商业银行、城市信用社等金融机构使用。"而P2P网络借贷公司在电信部门注册登记时，其业务种类定性为"因特网信息服务业务"。因此P2P网络借贷平台对借款人审查时，只能凭借有限资料，等于是"盲人摸象"。

◉ 2.3.2 金融市场发展程度不同

英美等国的金融货币市场，无论是市场规模、市场结构，还是市场自由度、信用工具创新、利率传导机制等，都较为成熟和完善，特别是在上世纪60年代，已经先后完成利率市场化改革。资金利率是由市场总需求与总供给决定，而不是由某人或某个部门决定。城乡居民存款的资金是正回报（高于通货膨胀率），存贷款利差缩小，金融机构间的业务竞争围绕着"用户利益"进行。

据英国ZOPA公司的资料显示：该公司每月贷款发生额占英国新增贷款总额的1.5%左右，平均借入资金利率为7.2%，平均借出资金利率为5.6%，信用良好的借款人通过ZOPA公司的P2P网络借贷平台可以借到低于银行成本20%的资金，借出方则获得比存款账户更高的收益回报。而我国情况则完全不同，由于长期以来实行严格的利率管制，利率被人为压低到市场利率以下，形成存、贷款为零或负利率（等于或低于通货膨胀率）。

存款获得的利息收入与借款者所支付的利息成本相对偏低，造成利息负担与收益严重不均。银行聚积民众的大量廉价存款资金，然后批发给国有大中型企业，形成事实上"存款用户补贴银行、银行补贴大中型企业"的格局。利率杠杆配置资源的优化引导功能弱化，成了保护大中型企业的保护伞。

利率不能市场化，不然最大受损者是普通民众，就如同银行理财产品门槛高但收益却不高一样，同时降低了P2P网络借贷业务操作空间，导致P2P

网络借贷资金成本高。目前P2P网络借贷平台的贷款利率平均在25%左右。

◎ 2.3.3 用户需求不同

从某种程度上说，正是为满足借款人和投资人双方的需求才出现了P2P网络借贷这种"去中心化"的金融脱媒工具。P2P网络借贷发展到今天，用户需求仍然是P2P网络借贷行业发展的强大驱动力。在P2P网络借贷平台的资金供给（投资人）端，中外用户的需求并没有二样，都在追求资金安全和资金收益；而在P2P网络借贷资金使用（借款人）端，中外用户的差别很大，突出表现在借款人的资金用途不同。借款用途主要指借款人的借款用于解决哪方面的资金需要。

英美等西方国家由于建立了健全的社会养老、医疗教育保障体系，普通民众过的是"月光族"生活，甚至借贷过日子，基本上没有储蓄投资、蓄钱养老的习惯，更没有闲余资金用在P2P网络借贷平台上理财投资。数据显示，用户从P2P网络借贷平台借入的资金，70%以上的资金用于归还信用卡欠债、购买大型生活用品和结婚消费。而国内民众的消费理念与英美等国民众相比，显得更加保守和务实，特别是农村地区更是难以接受"借贷消费"的理念。

因此，国内城乡居民存款余额年年增长，居高不下，居民存款率长期稳居世界第一位，大量货币资金滞留在商业银行账户上。由于银行审贷程序严格，满足贷款条件的大中型企业融资需求已非常固定，市场格局整体稳定；而草根创业者和小微企业的单体贷款需求量小、总体需求量大，很难满足银行贷款条件，很少得到银行的贷款支持。在P2P网络借贷平台上的借款人，80%以上是创业者和小微企业，融资主要用途是创业启动资本或企业流动资金，消费贷款占比低于20%。借款流向和使用目的不同，风险度也不同，用于生产经营的资金风险远高于用于生活消费的资金。

● 2.3.4 监管政策和力度不同

即使是在主张市场高度自由化的美国，P2P网络借贷一样需要监管。当然，无非是按照发行债券的要求监管或是按照金融服务方式监管，再或者是按照财富管理方式监管而已。无论如何，P2P网络借贷行业的公开、透明、自律和必要的监管是必需的。P2P网络借贷监管的关键，是既要做到不抑制行业的创新，又能提高新型金融产业的透明度，保护借贷双方的权益并能支持行业健康持续发展。

2008年美国金融危机期间，P2P网络借贷Prosper公司的借款人违约率一度高达35%。美国证监会（SEC）紧急勒令Prosper公司关闭网站，停止营业。直到2009年7月，证监会要求Prosper公司将其出售的所有贷款业务作为证券进行注册，并加大信息公开透明力度，Prosper公司才获准继续营业。自此，美国P2P网络借贷的行业监管及行业自律渐成气候，对整个行业的规范、良性竞争和保护消费者权益起到了促进作用，P2P网络借贷行业的不稳定性风险逐渐减少，更没有出现破产倒闭、关门停业的情况。

在我国，由于P2P网络借贷行业处于互联网、金融、民间借贷等多个行业的交叉领域，多年来始终处在法律地位不清和没有准入门槛、没有行业标准、没有外部监管的"三无"状态。虽然国内P2P网络借贷平台的数量和借贷规模远超英美等国，但行业内鱼龙混杂、良莠不齐，形成高速发展与高风险、高交易额与高成本并存的格局。国内P2P网络借贷行业面临的主要问题如下。

（1）法律地位模糊。国内法律制定滞后，到现在还没有给P2P网络借贷公司的市场进行定位，使得P2P网络借贷公司游离于法律的真空地带，加大了行业经营的额外成本并且带来许多不确定性。

（2）行业监管长期缺失。自从2006年P2P网络借贷进入国内，没有法定的、明确的监管主体。人民银行、银监会、国家工商管理局、工信部都在各自的职权范围内"摸着石头过河"，试行了有限的管理，而实质性的政策监管却"只听楼梯响，不见人下来"，任由P2P网络借贷公司疯狂地野蛮生长。

（3）存在一定程度的信用危机。由于法律地位不清、没有行业规范，一些P2P网络借贷公司不计成本地盲目扩张，加上其贷后风险管理能力不足，当公司出现资金运转困难时，极易发生道德风险，出现倒闭、跑路现象，给众多投资者造成真金白银的损失，在一定范围内诱发信用危机。

可喜的是，近年来人民银行积极推进社会征信体系建设工作，于2015年1月5日印发《关于做好个人征信业务准备工作的通知》，要求芝麻信用管理公司等8家机构做好个人征信业务的准备工作。2015年1月20日，中国银监会宣布机构调整，将原27个部门分拆，合并成立23个部，新增普惠金融工作部，并明确规定，P2P网络借贷归其监管。同时，京东牵手格莱珉银行推进的农村金融也划归普惠金融工作部监管。

2.4 ▶ "中国特色"的P2P网络借贷

人们常说"淮橘为枳"（淮河以南的橘子，移植到淮河以北就变为枳橘）。说明环境变了，事物的性质也会发生不同程度的变化。P2P网络借贷的成长过程也是如此。由于我国与英美等国存在巨大的人文以及金融环境方面的差异，我国的P2P网络借贷行业的发展方向、经营模式等与英美等西方国家有所不同，并且在本土化过程中不断克服"水土不服"，使之更加贴近我国的国情和生长环境，破解了"中国式发展困局",彰显了"中国特色"。

◉ 2.4.1　担保模式的运用

　　P2P网络借贷业务模式下,"网络"是工具,"借贷"是核心。在市场环境下,通过P2P网络借贷平台完成的借贷交易,实质上是在信用的基础上实现的信贷服务。与购买一般商品不同,P2P网络借贷达成交易并不意味着购买过程结束,而仅仅是开始,只有借款人在约定期限内还清借款本息,此笔借贷业务才能算告罄。英美等国P2P网络借贷平台以个人征信建立起的科学、规范的审批、核准贷款机制,在我国难以效仿。

　　由于国内个人征信资料无从获取,借款人违约成本过低,投资人难以通过P2P网络借贷平台对借款人的信用状况和资金风险进行判断,担心投资失败而损失资金,不愿意进行投资,P2P网络借贷业务难以开展。与淘宝网创立之初遇到的情况相仿:买家不愿意先汇款,担心商品质量低劣或卖家不发货;卖家担心发了货收不到货款。直到"支付宝"创立之后才顺利解决这一难题。

　　2009年3月28日"红岭创投"上线。成立初期,其借贷交易成交量极低,一个很小借款标的投资也往往需要3天以上时间才能招满,2009全年交易量仅为900万元。

　　对此,红岭创投在国内P2P借贷行业首次推出"本金垫付"规则。这对当时不承担投资人风险的P2P网络借贷行业而言无疑丢下了一颗重磅炸弹,在一片质疑和问难声中,红岭创投一炮走红。由于本金安全得到保障,大批投资者蜂拥而至。接着这一模式几乎成了国内P2P网络借贷行业的"标配",除了拍拍贷始终坚守无担保模式外,其余P2P借贷平台纷纷效仿。本金垫付"老大哥"身份让红岭创投受益匪浅,加上良好的品牌信誉和优质的借贷客户资源,原先默默无闻的红岭创投逐渐跃升为借贷交易最火爆的P2P借贷平台。截止到2014年底，红岭创投平台累计交易额达147.74亿元。

担保模式在英美等国的P2P网络借贷行业是没有的，可以说是中国P2P网络借贷公司不得已而为之。投资人的刚性兑付不能保证，投资人的资金投入没有安全保障，有多少人愿意把大把钞票放在虚拟空间，让素昧平生的人使用？如果没有担保机制的引入，P2P网络借贷会不会成为无源之水，最终"干渴而枯"，谁也不能确定。这可能也是监管层多次提出"去担保化"而又没有广泛推行的主要原因之一。担保机制分以下两种模式。

（1）第三方担保模式。第三方担保，指P2P网络借贷公司与第三方担保公司合作，其保障服务由第三方担保公司完成，P2P借贷平台不直接参与借贷风险服务。第三方担保机构多为具有担保资质的小额贷款公司或专业担保公司。在第三方担保模式中，P2P网络借贷平台仅作为信息中介，不吸储、不放贷，只提供金融信息和渠道服务。平台上的借款标均由担保机构提供担保，担保机构对P2P网络借贷平台项目进行审核与担保，P2P网络借贷公司按一定比例向担保机构支付担保费。P2P网络借贷公司节省了风险控制和业务成本，降低了平台的经营风险，搭建起了借款人、担保机构（风险控制机构）、投资人多方共赢的网络平台。这种模式的实质，是实现了P2P网络借贷平台的风险转嫁，投资人的投资风险并没有消失。P2P网络借贷公司的合作伙伴担保机构的运营能力决定坏账率的高低。

（2）P2P借贷平台自保模式。所谓自保模式，指由P2P借贷平台自身为投资人的资金安全提供保障，即在贷款方（借款人）在贷款约定期限到期后出现违约，投资人（出资方）无法收回贷款本息时，将债权转让给P2P借贷平台，由借贷平台出资先行垫付给投资人，然后将坏账损失划入借贷平台名下，再由P2P借贷平台对借款人进行追偿。

P2P借贷平台所垫付的资金主要来源有两种。

一是P2P网络借贷公司的自有资金。由于法规上对P2P网络借贷公司没有准入门槛的强制性规定，P2P网络借贷公司的自有资金普遍较低，所以自有资金垫付模式并不具有普遍性。

另外一种是实践中普遍采用的风险准备金形式。风险准备金一般是从借款人贷款额或投资人的借贷利息收入中按一定比例提取，直接计入P2P借贷平台设立的风险准备金账户中，并不计入借贷平台的收入。风险准备金的提取，既增加了借款人的借贷成本，又减少了投资人的收益。

● 2.4.2 抵押模式的采用

所谓抵押模式，是指借款人不转移财产的占有，将固定资产（车、房、船等）作为债权的担保抵押给投资人，借款人不履行债务时，投资人有权依法以该资产折价或拍卖、变卖该资产，收回投资价款。抵押模式无论是在风险控制还是在风险对冲方面均有无可匹敌的优势。由于抵押物超值，且所借贷金额往往大幅小于抵押物评估后的市场价值，因此，目前国内P2P借贷平台近60%以上采用抵押模式。这被认为是最有保障的借贷模式。特别是用车辆作抵押标的物，因借贷周期短、车辆变现快等特点，即便出现借款人违约的情况，P2P借贷平台也可以通过处置抵押资产，偿还投资人的投资，因而备受投资者的青睐。

但目前P2P网络借贷公司的做法在法律框架内有一个致命硬伤，即抵押合同的有效性问题。一般而言，P2P借贷平台在办理抵押贷款业务时，要与借款人签订两个合同，即主合同借贷合同和从属合同抵押担保合同。但按现行法律规定，主合同无效，从属合同也属无效。

P2P借贷平台一般都是公司法人或内部工作人员与借款人签订担保抵押借贷合同，但因抵押物受让人不是投资者，所以不与借款人产生直接债权债务关系，借贷关系难以成立。也就是说，抵押担保主合同存在无效的争议。假定借款人贷款违约，需要实现抵押权，只能由抵押物的受让人向法院申请变卖或拍卖抵押物。但此时借款人可以提出抵押合同无效的疑义，因为借款人与P2P借贷平台之间并没有债权债务关系，主合同事实上属无效合同，很可能难以实现抵押权。

◉ 2.4.3　线上与线下相结合模式

国内许多P2P借贷平台有很深的民间借贷背景，许多借贷平台老板就是靠民间借贷起家，对民间借贷业务特别熟悉，因而广泛采用线上与线下相结合的模式。在这种模式下，P2P借贷平台主攻理财端，只完成招揽出资人（投资人）的工作，而贷款客户开发、信用审核及风险控制等工作均从线上转入线下完成，更通俗地说，就是线上找款，线下放贷。

这种模式是英美等国P2P网络借贷纯"线上模式"的有效拓展，比较适合我国信用环境不完善、中小企业信用资料缺失、无法在线上用信用体系进行评估、必须要实地考察和收集资料以确定信用状况的现状。线上与线下结合模式，目前已成为绝大多数P2P借贷平台的选择。对于线下信用审核，P2P借贷平台一般通过借款人所在地的分支机构客服人员到实地与借款人面对面地完成借贷需求信息、信用资信、资产抵押物、核实还款能力等基础性信用调查工作，然后将借款人贷款需求放在P2P借贷平台上，推荐给投资者。还有一些P2P借贷平台为了做大规模，充分发挥"本地化"优势，以优质、高效的贷款项目吸引全国各地投资人，组建线下专业团队，在线下审核借款人信用的基础上再进一步，在线下寻找潜在优质借款客户。

从P2P借贷平台的经营角度来看，网上筹款、线下进行风险控制和开发潜在优质客户的模式，不仅可以帮助P2P借贷平台挖掘出更多的优质客户，而且有利于提高P2P借贷平台的风险控制水平。但因为涉及线下人力资本、时间成本的投入加重，审贷效率相对降低，又加大了借贷交易成本。

● 2.4.4　类信托模式

信托业务指委托人基于对受托人的信任，将其财产委托给受托人，由受托人按委托人的意愿，以自己的名义为受益人的利益或特定目的进行管理和处理。P2P网络借贷与信托发生交集主要集中在如下两方面。

一是鉴于近年来信托公司频发兑付危机事件，一些成立较早、实力较强、交易量较大、口碑较好的P2P网络借贷公司直接代销信托产品；还有一些P2P网络借贷公司与信托公司深度合作，分割转让信托受益权，通过分拆转让未到期的信托产品受益权以扩大P2P网络借贷平台的业务量和收益。这种方法与宜信公司"先放款给借款人，然后把债权再转让给投资者"的做法有异曲同工之处。

二是众多投资者委托同一受托人，选择一家P2P网络借贷平台推荐的合适借款标的进行集中投资，投资人如急需资金使用，可以向委托人赎回自己的份额。

2.5 ＞ P2P网络借贷创新与"本土化"

P2P借贷平台不论是提供担保、采用抵押模式，还是采取线上与线下结合或分拆信托受益权模式，与英美等国P2P网络借贷模式的差异变化并不大，但就是这一小差异，使得P2P借贷平台的交易性质发生了重大本质变化。

对英美等国与我国引入担保机制略作分析。英美等国的P2P网络借贷平台在对接投资者与借款人之间时，充其量发挥了信用认定和信息撮合作用，并不介入资金交易过程和承担风险责任。但国内P2P借贷平台引入担保机制以后，P2P网络借贷的直接融资模式已经演化为间接融资模式，P2P借贷平台事实上成了一个担保机构。投资人本来应该基于自身能力与借款人公开的信息，自主衡量风险并承担风险进行的借贷行为，变成了更多对P2P借贷平台信赖基础之上的借贷行为。P2P借贷平台除负责信用评定、筛选客户、监督还款职能，又添加了担保资金安全、匹配资金的职能。P2P借贷平台不仅是资金交易的信息中介，还是资金中介、交易中介和风险的聚集地，起到了"影子银行"的全部作用。

"三大中介"的实质，是P2P借贷平台履行了银行信贷业务职责，已经异化成典型的银行，无非是名称不叫银行和在互联网渠道上完成交易而已。

也正是有这些"中国特色"模式创新的出现，P2P网络借贷"变形"而没有"变性"，仍然保持经营货币的属性，才破解了"水土不服"的困局，本来难以存活发展的P2P网络借贷这个新生行业遍地生根开花，使传统银行难以覆盖的草根群体在虚拟世界充分享受投资理财与贷款的高效与便捷。

我国P2P网络借贷发展迅猛，2013年以后进入爆发期。根据P2P借贷业务流程不同，国内P2P借贷平台经营模式大致分为以下四类。

● 2.5.1 "拍拍贷"定位于信用中介

拍拍贷于2007年在上海成立，是国内成立较早、较为典型的P2P借贷平台。拍拍贷从诞生之时起，一直定位于信息、信用中介角色，其模式算得上是最纯粹的P2P网络借贷模式。拍拍贷利润主要来自服务费，服务费为成交额的2%～4%。拍拍贷主要借鉴英国ZOPA的经营模式，采用竞标方式实现在线借贷过程，贷款利率由借款人和竞标人（投资者）的供求市场决定。其操作基本流程为：（1）借款人把借款原因、借款金额、预期年利率、借款期限，列出详细清单并报出最高利率交网站平台；（2）网站平台经过审核，在网站平台上发布；（3）出借人（投资人）参与竞标，利率低者中标，一般多个投资人出借很小的资金给一个借款人以分散投资风险；（4）网站平台网页滚动显示借款人借款进度以及完成投标笔数；（5）如果资金筹措期内，投标总额达到借款人申请额度，此笔借贷宣告成功，平台生成电子借条，借款人必须按月向投资人还本付息；若在规定期限内未能筹到所需资金，则该次借款计划流标。

拍拍贷在贷款风险控制上有以下四个显著特点。

（1）规定借款人按月还本付息。这样借款人每月要还的金额较小，还款压力相对也小；而投资人可以每月收到还款，风险也小。

（2）信用审核引入社会化因素。借款人的身份证、户口本、结婚证以及学历证明等都可以增加个人信用分。但这些资料并不需要提供原件，其真实性难以得到有效保证。就曾出现过借款人在平台贷出款后，从此"人间蒸发"，投资者的资金打了水漂的情况。

（3）引入数据分析技术。借款人在网络社区、用户网上的朋友圈也是其信用等级系统的重要部分之一，网站内圈中好友、会员越多，个人借入、贷出次数越高，信用等级也越高。这样，网络活跃度和用户个人身份、财务能力、银行信用度等一起构成了一整套P2P网络借贷评价系统。

（4）不良贷款处理。拍拍贷将逾期不还款的借款人列成黑名单，将借款人所有资料在网站曝光。根据贷款逾期天数，采取不同措施，如逾期90天以后，拍拍贷配合投资人进行法律诉讼或委托催收公司催收。拍拍贷退还已收取投资人的手续服务费，并不赔偿投资人的资金损失。

拍拍贷的业务虽然没有地域和人际范围的限制，具有十分广泛的客户人群，但不承担资金保障责任，纯粹进行信息匹配，帮助借贷双方完成资金交易。如果借款人不还款，风险完全由投资人独自承担，所以每天平台推出很多借款申请，真正成交的极少。像拍拍贷这种完全"脱媒"模式的P2P借贷平台，目前在国内仅此一家。在众多对借出资金有担保抵押的P2P借贷的围剿之下，拍拍贷的业务开拓十分艰难，生存难度日益加大，最终拍拍贷何去何从，让我们拭目以待。

● 2.5.2　陆金所等平台的担保模式

自2009年红岭创投率先推出"本金垫付"模式，承诺对投资人的资金安全提供保障后，陆金所、积木盒子等平台纷纷跟进效仿，为投资人提供资金安全担保。之后，"本金垫付"迅速成为P2P借贷行业的主流模式。据统计，我国有56%的借贷平台采用了担保模式，31%的借贷平台采用风险金担保模式，另有10%的借贷平台采用了担保+风险金混合模式。

陆金所是平安保险集团旗下成员之一，2011年9月成立于上海。陆金所引入的第三方担保公司是同为平安保险旗下的平安融资担保公司。由于陆金所有很深的金融机构背景，其经营过程也带有金融"正规军"的印记。陆金所在经营上也与其他P2P借贷平台不同：陆金所首先将借款人的资金需求整合成标准化的理财产品，然后通过网站平台发布，以极低的起点额对外销售。

陆金所的低门槛主要是由于其金额拆得比传统金融机构更零散、资金使用期限比传统金融更灵活，其本质是信贷资产证券化。一般来说，金融产品期限越灵活、金额越小、起点越低，越容易吸引用户购买。以前这类金融产品由于受到严格的风险监管而无法操作，现在陆金所将其略加包装，出现在P2P借贷平台上。投资者在陆金所平台上出借资金，借进款人无需直接面对投资者，而是购买了借贷平台各式各样的理财产品，所以投资者并不清楚自己的资金到底借给了谁。因此，选择陆金所的投资者并不是高收益的追逐者，投资者看中的是平安保险集团的信誉。

◉ 2.5.3　微贷网等平台的抵押模式

2011年7月成立的微贷网，作为国内第一家专注于汽车抵押借贷的P2P借贷平台，到2014年底完成交易数7.2万笔，交易额达63.7亿元，累计为投资人创收1.59亿元。微贷网也走过弯路。成立之初，微贷网参照国外成熟的P2P借贷平台模式，主做信用借贷，但半年下来，发觉信用贷款此路不通，审贷过程中不可控因素多、贷款逾期额度高、坏账多。经过反复调研，微贷网最终选择了做汽车抵押借贷业务。

汽车抵押借贷有如下优势：汽车销售市场活跃、市场保有量高；同时，汽车的价值公开透明，更方便借贷公司估值、建模；而且平均单笔交易金额在7万元左右，符合分散化、短期化特征。以汽车为抵押物，一旦借款人违约，处置起来十分方便。此后，微贷网选择拥有车辆的个体工商户和中小企业作为主要服务对象。该群体采用质押或抵押车辆的方式向微贷网借贷，主要用于临时性资金周转，解决资金的刚性需求。微贷网围绕汽车做文章，也让借贷平台插上了腾飞的翅膀。2014年6月，微贷网获得盛大集团亿元投资。

◉ 2.5.4　人人贷线上线下结合模式

P2P网络借贷一端连接投资者，另一端连接借款者，促成双方的交易，其实质是一个负责借贷的上下游信息匹配的居间平台。由于国内缺乏英美等国完善的个人信用认证体系，P2P借贷平台落户中国后，演变为一头连接线上，另一头连接线下，线上融资、线下审核，借款人申请财产抵押借款，平台自身建立完善的风险控制体系。在这种体系下，一方面单笔业务能够增加平台收益，另一方面能够有效地保障投资人的资金安全。

2010年5月，人人贷上线营业，面临两大难题：一是国内征信体系严重缺失，个人信息碎片化，缺乏整合通道，导致P2P借贷平台无法完全依靠互联网收集用户的信用信息；二是P2P网络借贷的目标借贷客户呈现出个体性、分散性的特点，有许多个体工商户和中小企业的业主不熟悉互联网借贷的操作行为。对此，人人贷公司与小额贷款公司密切合作，实行落地式服务，最大限度地发掘借贷客户。小额贷款公司利用人熟地熟的优势，负责收集用户信息，将符合标准的借款用户推荐给人人贷，双方共同协作，为个体工商户和中小企业提供借贷服务。

如今，人人贷采用"线上销售+线下审核"模式，在信息公开透明的基础上，建立系统的风险管理机制，形成一整套贯穿于产品设计、线上销售、线下审核、贷中跟踪、贷后管理的全面而严密的服务流程，对于借款人的历史信用、还款能力、还款意愿等加以严格审核，最大限度保障投资人的资金安全。截至目前，人人贷已完成交易额87亿元，为投资人创收6.6亿元。

第3章 P2P网络借贷"化茧成蝶"

P2P网络借贷的最大优越性，是使传统金融机构难以覆盖的低收入群体，在虚拟的互联网世界里充分享受到金融服务的高效与便捷。我国的P2P借贷平台在发展的历程中，经过无数次痛苦的"脱皮蜕变"，终于变成美丽的蝴蝶，翩翩起舞。

3.1 > P2P网络借贷价值链分析

"无利不起早"，亘古不变的真理在P2P借贷行业理财投资中更是表现得淋漓尽致。风险投资机构热情高涨、投资者摩肩接踵，看中的正是P2P借贷行业无限广阔的市场发展前景和不可估量的巨大潜在利益。

P2P借贷平台作为金融脱媒的产物，其在互联网上的延伸，尤其是线上线下结合和担保、抵押模式的运用，对商业银行影响巨大，俨然成了吸金的"香饽饽"，引来众多参与者。

（1）电商大佬加紧在互联网金融布局。阿里的蚂蚁金融早已全面渗透金融业务，覆盖支付、小贷、担保、保险、基金等多个领域。腾讯、京东、苏宁等众多互联网巨头凭借其大数据、大流量等固有优势，抢滩布局P2P网络借贷。

（2）银行经历"宝宝类理财"的败阵后，开始逐渐站稳脚跟。看着P2P网络借贷不断吞食领地、大量潜在低成本存款资源和优质贷款客户流失，中国平安保险通过旗下的陆金所、招商银行利用"小企业e家"，发售它们的P2P理财产品，工行、建行、中行等也纷纷推出P2P理财产品收复"失地"。尽管银行系P2P理财产品收益率多在7%左右，但由于银行信用、风险控制等方面的隐性背书，其理财产品在P2P网络借贷平台上仍然异常热销。中小银行如民生银行、招商银行、华夏银行等也将自身战略方向定位于"中小企业金融服务商"，组建P2P网络借贷平台，开始大举"扩张领土"。

（3）小额贷款公司、民间借贷、严重缺乏资金的民营企业也积极参与其中，自建P2P网络借贷平台，试图从P2P网络借贷行业的丰厚利润中分一杯羹。

P2P网络借贷是如何创造价值的？这里略作分析。P2P借贷平台居于中介地位，一端链接贷款人（借款人），另一端链接出借人（投资人），相应的，P2P借贷平台的价值链被一分为二。

由贷款人（借款人）一端延伸，一般需要如下步骤。

（1）寻找贷款人（借款人）。P2P借贷平台首先必须做好交易搜索，找到有借款需求的人，通常的做法是通过互联网的线上广告吸引流量，通过线下分支门店进行销售体系拓展。甚至有些P2P借贷平台还与第三方小额贷款公司或担保公司合作，寻找和挖掘有借款需求的贷款人，在批量获取潜在贷款人的同时，也委托第三方公司对贷款人的信用状况做初步筛选。

（2）信用审核。不是所有有借款需求的贷款人都适合在P2P借贷平台上发布借款需求信息，获得贷款。信用审核，就是选出优良借款人，过滤掉劣质贷款人，除了线上评估，线下实地考察也成为P2P借贷平台进行核查的重要手段。P2P借贷平台除通过视频、图片、文字资料等手段认证借款人身份外，也利用大数据进行信用评分。大数据来源包括现有对外开放的征集平台、社交网络账户等。信用审核结果作为资金定价的基础。

（3）签订借款合同。对于符合借款条件的借款人，P2P借贷平台决定发放贷款后，都要与借款人签订电子版《借贷合同》，同时还要与借款人订立借款借据。合同一般分为主合同和从合同，借据是借贷合同不可或缺的重要组成部分。如果借款采用抵押担保方式，P2P借贷平台还要与借款人补签一份《抵押贷款合同》；采取质押形式的，要签订《质押贷款合同》。将《抵押物清单》（或《质押物清单》）作为《抵押合同》（或《质押合同》）的附件。

（4）借款人正常还款。借款手续完备后，P2P借贷平台才会把贷款本金划拨到借款人的账户上。借款使用期到期后，各P2P借贷平台对借款人如何归还贷款的要求有所不同。

一般地，还款分四种形式。

①等额本息。所谓等额本息，就是将贷款本金的总额与最终要付出的利息总额相加，即借款人要归还的总金额。然后将总金额依照规定的还款期限平均分摊到月，就是说，还款人每月要归还固定相同的金额。这种还款的特殊之处在于，借款人每月的还款金额中，其本金所占比重逐月增加，而利息所占比重逐月递减。

②等额本金。等额本金与等额本息基本类似，不同的是等额本金只是将借款本金平均分摊到每个月，利息是付清上次还款日和此次还款日之间的利息。

③按月付息到期还本。借款人只需要每月还清贷款当月产生的部分或全部利息，而本金则按照借款人与P2P借贷平台之间商定的时间，到期一次性还清。

④一次性还本付息。借款人在贷款到期后，一次性全部还清本金和利息。

（5）催收贷款。借款人如果没有严格履行借款合同的义务，信用出现问题，贷款逾期未还，构成违约，P2P借贷平台还要组织人力，进入催收贷款环节。在信函、电话催收无果后，P2P借贷平台还需要自建催收团队或与小额贷款公司、担保公司或专业的催收团队合作，直接上门催讨、收回贷款，必要时还要准备相关资料，进入法律诉讼程序，运用强制性措施收回贷款。

从出借人（投资人）一端出发，一般需要以下环节。

（1）寻找投资人。找到有融资需求的人（借款人）之后，紧接着就要找到有出资需求的人（投资人）才能促使借贷交易成功。一般地，拓展投资人的渠道和"寻找贷款人"基本差不多，除了线上各种广告渠道之外，也有许多P2P借贷平台成立财富管理公司，拓展投资者。如宜信公司成立"宜信财富"，专注富裕阶层大众的投资者，除经营P2P借贷平台的贷款产品，同时为富裕阶层的客户提供基金、保险、信托等理财投资产品。

（2）组建投资组合。投资人在纯粹的P2P网络借贷平台上组建投资组合，要面对一个风险和回报的选择。如果P2P网络借贷平台的信用评级系统可以与定价机制较好地结合，高风险往往伴随着高回报。投资人进入P2P网络借贷平台后，会自觉平衡自身的资金状况及风险偏好，组建适合自己的投资组合。在这个过程中，可以是投资人自己去选择借款标的，也可以由P2P网络借贷平台依照投资人的期望回报率及其他投资条件自动生成初步的组合，投资人再进一步进行调整。如在P2P网络借贷平台"点融网"上，投资人在账户中选择自己期望的回报率，平台可以自动帮其选择数十个不同风险等级的借款标的物，以达到分散投资的目的，大大方便了投资人的风险管理进程。

（3）签订合同。P2P网络借贷平台与投资人签订《出借资金合同》。有一些P2P网络借贷平台还要与投资人签订《债权转让及回购合同》，进行资金受让，将款项支付给购买债权的转让方，从而完成资金的出借，并自受让完成之日起成为债权方。也有P2P网络借贷平台让借贷双方与担保人（担保公司）直接签订《出借合同》，逐项落实投资人（出借人）、贷款人（借款人）和担保人（担保公司）各方责任，明确借款人违约时，担保人所应承担的责任。

（4）收回贷款本息。按照合同约定，P2P网络借贷平台负责如期收回贷款本息,并转付给投资人。如若借款人违约,则P2P网络借贷平台或担保公司要去追讨,这时,进入法律诉讼几乎成为唯一的选择。有的P2P网络借贷平台曾经依靠曝光逾期客户的个人信息来进行催收,但这样做,在没有事先征得借款人同意的前提下,有侵犯个人隐私的嫌疑。

(5)担保问题。《借贷合同》生效后,如果借款人违约,则P2P网络借贷平台或担保公司需要赔付本金或利息损失。这对P2P网络借贷平台或担保公司来说,是一个沉重的负担,甚至可能导致平台或担保公司破产。但这对于风险偏好极低的中国投资者来说,可能没有多大吸引力。所以,以纯线上模式经营闻名的拍拍贷也开始由以往的不担保模式转变为在投资组合满足一定的分散投资标准后,保障投资人的本金安全,这有利于提高投资人的风险意识和自我管理风险的能力。

在P2P网络借贷的价值链条上,借款人、投资人、借贷平台是主角。很多有资金需求的借款人到银行贷不到款。在市场化的互联网时代,P2P网络借贷平台便是互联网化的民间借贷。在P2P网络借贷平台上,借款人能找到服务更好、利率适中、足够金额的借贷平台。作为P2P网络借贷资金链条上不可或缺的重要一环,投资人很大程度上推动和决定了P2P网络借贷行业的发展,因为他们手中握有闲置资金,而且有浓厚的投资收益诉求。为吸引投资人加入,P2P网络借贷平台和借款人使尽浑身解数,最常见的是各P2P网络借贷平台推出新用户注册即赠优惠,充值到一定数额给予奖励的活动;借款人则卖力吆喝,把自己的贷款项目阐述得十分详尽,并给出很高的利息。

但这并不足以打动投资人,投资人不仅希望获得较高的投资收益回报,还要求资金安全。没有投资安全保障,是难以让他们放心地把大把的钱投进P2P网络借贷平台的。针对这种情况,P2P网络借贷平台适时引入担保人(担保公司)机制,P2P网络借贷模式形成"三角四方"关系。担保公司与P2P网络借贷平台合作方式主要集中在两方面:一是为P2P网络借贷平台担保；另一种是为在P2P网络借贷平台交易的投资人的资金和收益担保。担保模式让投资人的资金得到安全保障，P2P网络借贷平台立即火爆，越来越多的投资人放心大胆地蜂拥进入P2P网络借贷平台。当然，天下没有免费午餐。担保公司不是免费服务，也要收取额外费用，等于变相提高了贷款人的融资成本和降低了投资人的收益。

3.2 > P2P衍生模式"百花齐放"

英美等国P2P借贷平台的发展模式贯彻"金融脱媒"理念，在债权债务关系中彻底脱离了传统信用媒介角色，职能定位于"撮合"，直接从互联网上获取借款人和投资人，为借贷双方交易提供信息流通、信息认定和促成交易完成的服务，完全独立于资金借贷交易双方，不参与其中，不承担过多的中间业务，经营模式较为简单。其业务经营基础完全依赖于完善、发达的社会征信体系，确定借款人信用等级，平台风险性相对较小。

国内P2P借贷行业的发展，是长期金融压抑后的能量大释放，也是一次学习和超越西方金融模式的有益尝试。P2P网络借贷持续发展的关键，是要拥有众多的出资人、借款人和控制好借贷风险。按照中国人的投资习惯和传统理念，必须有看得见、摸得着的抵押实物，钱借出去才放心。因此，P2P借贷平台要在中国扎根，就必须尊重国人的投资理念，符合国人的投资习惯，使之更加契合国情，才能被国人广泛接受，才能更容易地接"地气"。

正因为如此，国内P2P网络借贷行业与国外的发展模式有所不同。在对借贷各环节充分细化的基础上，国内P2P网络借贷经营模式进行了异化演进，以一个全新的姿态粉墨登场，开启了一个有别于国外的发展征程，衍生出多种多样的P2P借贷模式。最大的不同和区别是引入第三方担保机制、借款人实行抵押或质押，线上债权转化后对应着线下实体经济的房产抵押、不动产质押等债务。这种线上与线下相结合的运作机制，有效弥补了中国的征信体系不完善的缺陷，降低了P2P借贷平台和投资人的风险。国内P2P借贷平台不仅参与其中，而且成了实质的"债权、信用和风险中心"，构成一幅"百花齐放，争芳斗艳"的奇异景观，激烈地冲击着传统金融一统天下的格局。

国内P2P借贷市场细分后有如下模式。

3.2.1　信息中介（P2P）模式

有人称信息中介模式为"纯平台经营"模式。从业务流程上分析，投资人根据P2P网络借贷平台发布的借款人信息决定是否出借资金，然后借贷双方通过网站平台进行信息沟通，双方达成交易。有的投资人是通过P2P网贷平台上的专业贷款人介入信贷双方之中，一边放贷一边完成债权转让，实现资金从投资人手中转入借款人手中。

这种"原生态"的P2P网络借贷，借款人和投资者均通过互联网上获得，且借款金额一般较小，基本上是个人间的信用贷款，对个人信用的评定和审核也都是通过互联网进行。这种模式的P2P网络借贷平台所承担风险较小，但对信贷技术要求较高，需要专业人员运营。国内采用这种模式的借贷平台不多，最典型的是拍拍贷。

3.2.2　信息中介+信用中介模式

P2P借贷平台最早在国内兴起时，对借款人发布的借款申请并没有调查审核的义务，基本上完全依赖借款人的诚信。这在社会征信体系残缺不全的社会环境里，很不适合。由于难以取得投资者的信任，投资人顾虑投资风险，借贷交易成交率极低。

P2P网络借贷平台的盈利模式是根据成交额向借款人按一定比例收取手续费和管理费，成交额越高，P2P网络借贷平台收取的费用也就越多。如果收益不足以抵偿平台的支出，则平台有可能出现经营性亏损。在利益的驱动下，同时也为打消投资人的疑虑，越来越多的P2P网络借贷平台开始在线下增加所谓的"增值服务"，即由P2P网络借贷平台对借款人进行详尽调查、扣押借款人一定比例的还款保证金、引入第三方担保机构、向投资者承诺保本付息等。

此时，P2P网络借贷平台的身份实际上已经完全转换，从"信息中介"转变成了"信用中介"，其业务性质类似于传统银行的"委托贷款"业务，但P2P网络借贷平台承担的风险又远远高于"委托贷款"。P2P网络借贷转变成为信用中介后，事实上变成了全能的"银行"，不仅要参与贷款管理的全过程，负责贷款的发放、收回，一旦借款人违约，不能如期归还贷款本息，还要替借款人归还投资人的贷款本金和利息。原来由投资人承担的风险全部转嫁给了P2P网络借贷平台，投资人成了"存款户"。

◉ 3.2.3 个人与企业借贷（P2B）模式

P2B网络借贷模式是个人与企业（非金融机构）之间的融资借贷。P2B网络借贷平台通过线下开发优质的中小企业客户，然后审核借款企业融资信息的真实性、抵押物的有效性，评估借款风险，然后引进具有经济实力的第三方担保机构对贷款项目进行担保，由借款企业提供抵押物控制风险，然后P2B网络借贷平台在线上发布信息寻找普通个人投资者。

　　在P2B网络借贷模式下，运营过程涉及5个直接主体，即个人投资者、借款企业、P2B借贷平台、第三方支付机构和第三方担保机构。

　　这是一种相对安全、平等、透明的金融创新模式，类似于传统金融中的"信托贷款"模式，是线上线下（O2O）相结合的产物。P2B模式是基于P2P网络借贷模式创新而来的。在这种模式下，P2B网络借贷平台是借贷双方的一个复合中介，采用类似"信托贷款"的专业风险管理方式，将企业借款调查技术、企业信用管理体系和风险管理体系整合，通过第三方资金托管和第三方担保来分散平台经营风险，改变了原有的借贷双方结构，将从个人对个人的借贷转变为从个人对企业的借贷，从而实现资金的有效流动，达到双赢的结果。

　　个人投资者是投资主体。投资者在P2B网络借贷平台上自行匹配投资项目，认定贷款项目后，向P2B网络借贷平台合作的第三方资金托管账户充入资金，并向匹配的借款企业投资。由于P2B网络借贷平台大多采用从投资人的服务费或收益中提取风险准备金的做法，在借款企业不能按期归还贷款时，P2B网络借贷平台会用风险准备金代偿投资者的债权。因此，投资者收益虽然有所降低，但收益更加稳定、风险更低。

　　借款企业是融资主体。借款企业向P2B借贷平台提出借款申请，并提供相应的抵（质）押物的所有权证明，经过P2B借贷平台审核通过后，就可以在平台网站上发布借款信息。如果在融资期限内所有投资人的投资金额达到借款企业的要求，则借款企业融资成功。通过这种融资方式，企业获得资金支持的速度更快、更及时，许多达不到银行贷款条件的中小企业通过P2B借贷平台得到了资金支持。

　　从风险控制的角度上看，由于申请借款的企业具有企业法人资格，一般都拥有一定的实物资产作抵押，从而能更有效地控制风险，保证投资者收益如期实现。与P2P网络借贷相比，P2B借贷平台的融资规模更大、风险控制更严格、收益更加有保障，这是P2B与P2P最大的区别之处。

P2B借贷模式在2013年时由"爱投网"借贷平台率先推出，逐渐进入人们的视野，获得众多企业和广大投资者的追捧。因此，爱投网大获其利，上线几个月就取得骄人成绩，平台业务发展迅速，成为P2P借贷市场上的后起之秀。

◉ 3.2.4 个人与类金融企业债权（P2C）模式

将共同探索管理模式九大券为商预以后网模式，P2C网络借贷模式与P2B类似，但P2C多了一层债权转让功能。所以，P2C借贷模式具有两层含义，一层是个人对类金融企业，另一层为债权转让。

所谓类金融企业，是指那些无银行之名，但其经营运作模式又与商业银行没有太大差别的企业。类金融企业一般具有6大特点：自有资金少、利润率低、商品销量大、利用流动资金融资、较高的财务杠杆和较高的经营风险。类金融企业资金的主要来源不是银行贷款，而是以延期或拖欠付款的方式，占用上游供应商的货款，延期或拖欠期限短则数日、数周，长则半年、一年。这些无息占用的负债虽然多以短期为主，但由于量大、额多，类金融企业手中长期存有大量的现金资产，为业务扩张提供了足够的资金来源。

在争夺P2P网络借贷市场的"蛋糕"时，类金融企业不甘人后，纷纷抢滩进入。随着类金融企业的大量加入，P2P网络借贷行业一片繁荣，经营模式不断推陈出新。P2C网络借贷平台为拓展业务，引入担保机构、线下增设债权销售机构、股权投资者、业务合作者等。随着竞争的日趋白热化，各P2C网络借贷平台线上争流量、线下争客户资源，甚至不惜"赔本赚吆喝"，P2C网络借贷模式随之出现。

P2C网络借贷模式与P2B模式一样，也是线上与线下结合，主要为一般投资者和中小企业搭建信息平台，在线下对申请借款的企业进行调查审核。不同的是，P2C网络借贷平台增加了债权转让程序，平台负责对债权转让进行资质审核、实地考察，筛选出具有投资价值的优质项目在平台上公开发售，实时为投资者生成具有法律竞争力的债权转让及服务协议。

◉ 3.2.5　资产收益权受让（A2P）模式

A2P网络借贷是P2P网络借贷模式的一个新分支。A2P是英文Asset to Peer的缩写，直译的意思是资产（财产）对大众。A2P借贷模式是基于进补债权存量资产的交易模式。其核心在于"资产"值得"个人"投资。"值得"的内涵包括安全、优质、回报可观。要满足这些条件，在形成资产的过程中，应当保障参与的各方互利共赢，如果有一方无利可图，模式就不能成立。

融资租赁公司与A2P借贷平台合作，将已有债权转让给普通投资者。其安全性主要在于融资租赁公司的行业性质，即融资租赁公司主要将设备租赁给企业，而不是将整笔贷款资金交给企业，企业仅拥有设备的使用权，设备的所有权仍掌握在融资租赁公司手中。融资租赁设备一般周期较长、单笔金额较大，如船舶、飞机、矿山开采设备等。租赁公司的收益主要来自承租企业按月缴纳的租金（本金和利息）。租赁公司的最大风险来自于承租企业出现破产、倒闭，不能按月足额缴纳租金。

A2P网络借贷模式的特点是将融资公司及相关企业应收账款拆分成若干份额，通过A2P网络借贷平台销售给众多投资者，转让债权资产以变现，加速资金流转。其实质是将基于真实债权存量的租赁资产的债权，去除其专业性强、技术含量高的华丽外衣，把租赁债权转化为低门槛、低风险的理财产品，供一般投资者投资、选购。

第4章 P2P借贷与其他投资方式比较

任何一种金融产品都不是完美无缺的，P2P网络借贷也是如此。但其凭借门槛极低、便捷高效、收益较高的优势，迅速得到民众的认可和青睐，并吸引他们积极投身其中，在较短的时间内成为一种时尚流行的理财投资工具。这是对P2P网络借贷最好的褒奖。

4.1 ▶ 与股票投资的比较

股市低迷时，许多投资者撤出股市，抽出资金，跻身互联网金融投资P2P网络借贷之中；股指上扬利好后，这些人又返回股市炒股。在"5.18"股市大震荡后，大盘更是持续下跌，疯狂的股市让众多股民心惊肉跳。在牛市行情见顶或回调，央行降息、降准，股市仍不回暖的情况下，投资者纷纷割肉撤资退市，重新杀回P2P网络借贷市场淘金。逐利赚钱，人的本性使然，无可厚非。但对个人业余投资者来说，从理性的角度分析，还是不主张涉入P2P借贷行业，毕竟一个人的时间和精力有限，而且P2P网络借贷与股票是两个完全不同的投资项目，虽在形式上有一定的相似性，都是将资金的使用权让渡给第三方使用，但在获利途径和操作方式上却具有很大差别，具体有如下几点。

◉ 4.1.1 投资的周期不同，股票投资更加灵活

相比股票，P2P网络借贷投资周期比较长，因为投资P2P网络借贷

的资金最终要进入实体经济，周期基本上以月为单位，少部分以年为单位。至于个别P2P网络借贷平台推出的"秒标"，那是为博人眼球、吸引投资者参与，刻意推出的带有"奖励"性质的优惠，不是P2P网络借贷投资的主流。随着时间推移和P2P网络借贷平台经营的规范化，"秒标"会逐渐减少，直到消失。

相比P2P网络借贷投资，投资股票的性质不同。股票是股份制公司在筹集资金时向出资人发放的股份凭证，代表其持有股份公司的部分所有权。股票具有不可偿还性。投资者购买股票之后，不能要求退股，但投资者可以到二级市场（证券交易所）将股票卖给第三方。因此，股票的转让不是由股份公司而是由证券交易所决定。根据国内证券交易所的规定，股票当天买进，不论亏赚，不准当天卖出，在下一个交易日才能出手。从这点上看，股票的周期以天为单位，投资更加灵活，这是P2P网络借贷所没有的投资优势。

◉ 4.1.2　投资的门槛不同，P2P网络借贷更低

由于股票交易所没有正式推出互联网上开户业务，所以投资者需要亲自到证券交易所办理开户手续。开户时需要填写《证券交易开户文件签署表》和《交易客户风险承受能力测评问卷》。如果之前从未办理过证券开户，还需要填写《自然人证券账户注册申请表》，同时关联一张银行卡。费用收取标准，一般是深圳证券账户卡50元，上海证券账户卡40元等。不同城市的收费标准不一样，证券公司数量少的城市可能全收，证券公司数量多的城市可能会有不同程度的打折，深圳、上海、北京、广州等地则不收开户费。

股票交易规则比P2P网络借贷行业规则要复杂。股票交易实行价格优先、时间优先的交易原则，价格较高的买进先于价格较低的买进，价格

较低的卖出先于价格较高的卖出；当价格同位时，则按时间顺序，先报价者为先。股票交易单位为"股"，100股为1手，买入数量必须为100股或其整数倍，不足1手（100股）为零股，零股只可以委托卖出。股票交易还有涨跌停的限制。在一个交易日内，除首日上市的新证券外，每只证券的交易价格相对于上一个交易日及收市价的涨跌幅度不得超过10%，超过涨跌限价，则停止交易，即涨（跌）停。

P2P网络借贷门槛较低，交易规则更为简单、方便。借贷双方只需要在借贷平台上进行实名注册、建立账户，借款人向平台提供身份凭证、资金用途、金额、接受利息率幅度、还款方式和借款时间等，借贷平台通过审核后，借款人的相关信息即可在借贷平台上公布。对投资者而言，可以根据借贷平台发布的借款人项目列表，自行选择借款人项目，自行决定借出金额，实行自助式贷款。借出金额没有起点限制，有些平台1元便可起投。

◉ 4.1.3　投资的回报方式不同，P2P借贷收益可以预期

投资股票的收益，是投资者从购入股票开始到出售股票为止整个持有期间的收入，由股息收入、资本利得和公积金转增收入收益组成。收益性是股票最基本的特征，也就是为持有人带来收益的特性。其收益主要分为两类：一是来自上市股份公司。投资者买入股票后，即对上市股份公司享有经济权益，其实现形式是上市公司派发的股息、红利，数量多少取决于上市公司的经营状况和盈利水平。

二是来自股票流通。股票持有人可以持股票到二级交易市场（证券交易所）进行买卖，当股票的市场价格高于买入价格时，卖出股票就可以赚取差价收益。这种差价收益被称为"资本利得"。

由于股票二级交易市场具有较大的炒作性质，股票交易价格起伏波

动较大，其收益无法预期，有可能升值数倍，也有可能跌得一毛不值。

投资P2P借贷的收益来源于借款人按约定利率承付的利息，因利率、资金使用期限均是事先约定，所以收益相对比较稳定。借款人承付的利率一般根据市场资金供求和资金使用期限决定，高低虽然不同，但均在一定幅度内自由浮动，变动不是太大。如2015年上半年，全国P2P借贷行业的收益率大致在15.81%～14.17%内浮动。央行启动降息、降准和逆回购等手段向市场投放资金。在松紧适度的货币政策下，P2P借贷行业收益率较上年有所下降。

◉ 4.1.4　投资风险不同，P2P网络借贷相对平稳

凡属投资，都有风险。但两者在风险程度、表现形式上差别很大。股票的风险主要分为两大类，即系统风险和非系统风险。系统风险包括利率风险、汇率风险、购买力风险、市场风险和宏观经济风险；非系统风险包括经营风险、筹资风险、流动性风险和操作风险。波动最大的风险来自市场风险。市场风险是股票持有者所面临的所有风险中最大、最难对付的一种风险，它给持股人带来的后果有时可能是灾难性的。在股票市场上，行情瞬息万变，并且很难预测行情的变化方向、幅度和趋势。

收入节节上升、经营一切正常的上市公司，其股票价格可能一路下跌；还有一些上市公司经营状况不错、收入也比较稳定，但其股票却在一段时间内上下剧烈波动。这些情况在股市中屡见不鲜。出现这些反常现象的主要原因是投资者对股票的一般看法，或对某些种类或一组股票，甚至整个资本市场的看法，发生了重大变化。

广大投资者对股票看法（主要是对股票收益的预期）的变化，引起大多数普通股票收益的易变性。同时，投资者在投资过程中的不当操作也会带来投资风险。对于同一种股票，不同的投资者因操作方式的不

同，结果有时会截然不同，有的赢利赚钱，有的则会亏损赔钱。操作风险的出现，主要是由投资者不同的市场判断、不同的投资决策和不同的心理素质等多重原因所决定。

流动性风险也是影响投资者收益的重要因素之一，投资者将股票变成现金方面的潜在困难程度，造成了投资者收益的不确定性。如一种股票在不做出大的价格让步的情况下，卖出的困难很大，则拥有这种股票的流动性风险程度越大。在股票二级交易市场中，各种股票的流动性差异很大。有些股票极容易脱手，市场交易中可在与前一交易相同的价格水平上吸收大批量的该种股票，每天成交千万手，表现出极大的流动性，投资者可轻而易举地卖出，价格上不会引起任何波动；而有些股票，在投资者急需要变现时很难脱手，除非降低价格贱卖，在价格上做出很大牺牲，才能卖出。这也就是人们常说的"流动性陷阱"。

P2P网络借贷风险的表现形式完全不同，其风险主要来自两方面，一是借款人的违约风险，二是借贷平台的经营风险。借款人的违约风险，主要是借贷平台发放给借款人的信用贷款，借款人一旦出现违约，到期没有按约定归还贷款本息，借款人和借贷平台几乎无计可施，只能借助法律诉讼程序追偿，但这个过程比较漫长而且麻烦。

在国内，由于许多P2P网络借贷平台引入担保机制，借款人的违约风险造成的资金损失，基本上由借贷平台全部或部分承担，投资人的资金风险大大降低。因此，P2P网络借贷投资的风险主要集中在借贷平台的经营风险上。作为信息中介的P2P网络借贷平台，在借贷双方的交易中，充当了资金担保人的角色，如果借贷平台因经营、管理、决策方面的原因，造成借款人逾期不还的金额过多，借贷平台必须先行垫付投资人的本金或本息，一旦需垫付的资金超过借贷平台的承受能力，借贷平台就面临破产倒闭，容易出现跑路、失联等后果，投资人则要承担血本无归的风险。

4.1.5　投资关注度不同，P2P网络借贷相对较弱

股市波动受国际、国内政治、经济等因素的影响较大，所以投资股票市场既要关注国际、国内政治时局，也要关注经济变化，同时还要留意各类新政策的出台，分析判断其对股市的影响，进而决定股票的买进或卖出，必要时还要亲往证券交易所办理手续，因此劳动强度和关注度较大。

投资P2P网络借贷则相对轻松简单，只要前期选择好1家～3家经营管理水平高、资金实力强的P2P借贷平台，把投资资金转入账户，设置好自动投资标准，稍加关注就能解决投资过程中出现的问题。

4.2 ＞ 与基金、存款等理财产品比较

投资P2P网络借贷与投资传统基金、"宝宝类"理财产品以及银行存款具有很多相似之处，但认真分析，还是有较大的区别，主要表现在如下几方面。

4.2.1　与投资基金的比较

投资P2P网络借贷与投资基金的明显差异，主要表现在以下几点。

（1）投资基金是投资人个人资产的机构化投资，投资人主要购买基金公司的基金产品，由基金公司直接选择投资对象进行投资；而P2P网络借贷则是投资人借助P2P借贷平台，选择借款人发布的项目直接投资，属于个人投资行为。P2P网络借贷项目真实、透明，投资者可以自主甄别和

选择项目进行投资；而基金投资用途笼统、模糊，许多投资者在买入时也没彻底弄清楚资金用途。

（2）由于投资方式不同，投资关系的复杂性方面也有了明显的不同。P2P网络借贷面对的是数以百计的个人和中小企业借款人，它是一种直接的借贷关系；而基金公司由经过专业训练、具有丰富的证券投资和其他项目投资经验的专业管理人员进行资金管理，其投资由于投资对象的不同，又有债券基金、货币基金及股票基金之分。

（3）投资基金门槛很高。前几年虽然投资基金的收益率高于银行存款利率，但投资起点多从100万元起步，把一般投资者挡在门外。近年来受到"宝宝类"理财产品的冲击，投资基金的投资金额起点有所降低，但一般仍以5万元起步。P2P网络借贷投资门槛低，任何有投资意愿的人都可以参与投资，没有投资金额起点限制。

（4）投资收益不同。基金投资中，除私募基金以外，其他投资基金的收益率远远低于P2P网络借贷。同时，基金一般不承诺收益率，基金的收益率波动幅度也比较大。例如，风险最低的货币市场基金，预期收益率最低，大约是银行定期存款一年的利率水平，上下波动幅度较小；而风险和收益最高的股票型基金，年平均回报率在10%左右，但上下波动幅度比较大，实际收益率有可能超过平均水平，也有可能出现亏损。

（5）投资风险不同。基金公司把聚集的资金分散投资于多种债券，实现资产组合多样化。一般来说，资金投资期限越短，风险承受能力越强，资金流动性越好。对购买"宝宝类"理财产品的投资人而言，购买期限短，属于低风险投资，可以随取随用，基本可以替代活期存款，适合管理手边的闲置资金；对于投资债券基金的投资人而言，投资期限较长（如国库券一般在一年以上），属于低风险投资，稳定增值，能替代定期存款，其风险水平和预期收益率高于货币基金而低于股票基金；对于投资股票基金的投资人而言，投资期限较长，属于较高风险投资，是追求长期增值的工具。

股票基金主要投资股票,可以分为主动型投资和完全跟踪指数的被动型投资两类。主动型股票基金的风险水平低于个股,因为组合投资可以分散风险,但预期收益率可能低于市场平均水平,因为开放式股票基金必须保留一部分现金资产应付赎回或投资部分债券。主动型股票基金可以利用股市的结构化矛盾或资产配置,力争高于市场的回报,甚至在熊市上仍可能取得良好收益。但股票基金投资的是股票,其风险与投标基础市场的风险密不可分,若是股市出现连续下跌,不仅会影响到投资者的收益,甚至会危及本金安全。

P2P网络借贷投资风险因投资者借贷平台的选择不同,而存在不一样的结果。一般地,只要排除借贷平台倒闭、老板跑路等极端情况的出现,就不会出现很高的投资风险。由于P2P网络借贷投资本质是一种借贷的投资,所以如果选择"高大上"的借贷平台进行投资,基本上是很安全的一种投资方式。

◉ 4.2.2　与储蓄存款的差别

从某种程度上说,P2P网络借贷也是一种投资理财工具,它与银行存款并没有本质上的不同。其差别主要体现在以下三点。

(1)两者风险不同。在过去很长的历史时期,民众手中如有闲散资金,只能选择银行存款。银行存款被誉为风险最小、资金最安全的理财模式。不过在市场经济条件下,银行机构也存在破产的可能。2014年11月,中国人民银行发布《存款保险条例》,其中规定:"建立存款保险制度,存款保险实行限额偿付,最高偿付限额为人民币50万元。"

存款保险制度的实质,是吸纳存款的银行机构必须向存款基金机构缴纳一定比例的保险费用,一旦银行破产,存款基金机构就用存款保险基金代偿存款户，但最高偿付限额为人民币50万元。实行存款保险制度，既有利于完善银行机构市场化的退出机制，促进利率市场化的改革进程，更有利于切实保障存款人的合法权益，维护金融市场的稳定。从风险上看，银行存款远低于P2P网络借贷。

（2）两者收益差别大。长期以来，国内通货膨胀率逐年递增，基本上在3.5%左右，与银行3年定期存款的利率相当。就是说，用户把钱放在银行定期存3年期以上才能不贬值。十多年前，10万元在三线城市可以购买一套100平方米的住房，现在，在同样的城市10万元甚至付不起一套小户型住房的首付。人民币持续贬值，民众普遍感觉钱越来越不"值钱"。同时，央行数次调低存款基准利率，存款户的收益越来越低，存款始终处于"贬值"状态。

而P2P网络借贷的收益基本上在10%以上，远远高于银行存款。

（3）两者流动性不同。银行存款分为活期存款和定期存款。活期存款的流动性最高，储户可以随取随用，基本不受限制，但收益率极低。定期存款档次多样，存款期限越长，利率越高。如果储户存的是定期存款，若要提前支取，银行则按活期存款的利率计算利息。

P2P网络借贷的流动性虽然不如活期存款，但P2P网络借贷平台的借款标多种多样，短则10天（除秒标外），长则三五年，有月标、季度标、半年标等不同档次，投资者可以根据自己的资金周转情况灵活安排。投资者一旦投入借款标的，投资没有到期是不能赎回的，但可以在借贷平台上转让。

⊙ 4.2.3　与"余额宝"类理财产品的差异

余额宝的本质是货币基金的余额化管理，采用的原理是近似于银行活期存款的方式，用户把资金转入余额宝账户，就等于购买了"增利宝"

货币基金产品。因此，余额宝集合了货币基金和银行活期存款的长处，比银行活期存款高若干倍的收益率，且具备银行活期存款一样高的流动性。

需要说明的是，用户从余额宝中获得的收益不是银行存款利息，而是购买货币基金的收益，收益不是固定的而且是浮动的。如2013年，金融市场资金头寸短缺紧张，其推出之时，其年化收益率一度在6%以上。近年来，由于金融市场资金头寸相对宽松，余额宝的年化收益率又下滑至4%左右。这都是由货币基金的属性所决定，属于正常波动。

因为货币基金流动性好、安全性高、风险性极低，素有"准存款"之称。但风险性低，并不是说就没有风险。对众多余额宝用户来说，钱放在支付宝里是闲置，而转入余额宝多少有一点利息收益，于是，大多数人抱着"打酱油时顺张彩票"的购买态度，将钱转入余额宝。因此，余额宝理财的风险主要来自于流动性风险。当余额宝的收益率跌破人们的心理预期或社会上出现不利于余额宝的负面传闻，出现大规模挤兑风潮时，余额宝兑付风险就会显现。同时，天弘基金公司在经营中，如果投资出现重大失误，也有可能给余额宝用户带来一定的风险。

从流动上性看，余额宝可以随时随地赎回取用，灵活性可以等同于银行的活期存款；P2P网络借贷资金一旦投入标的，周期多在1个月～12个月之间，甚至更长，无法做到随用随取，虽然可以转让，但并不是太方便。

从收益率上看，余额宝作为基金型理财产品，不失为闲置资金的最好选择，而且收益率远高于银行存款，能起到对抗通货膨胀的作用。但其收益率远远低于P2P网络借贷。P2P网络借贷的平均收益率均在余额宝的2倍以上，如果把风险系数考虑在内，P2P网络借贷是比较好的投资渠道。

从风险管理上看，余额宝的风险主要表现在流动性风险与经营性风险上，即便天弘基金公司出现重大经营失误，缺失的也只是用户的收益，因此相对于P2P网络借贷，余额宝的风险要低得多。是选择余额宝理财还是投资P2P网络借贷，需要每一位投资者根据其投资偏好和承担风险的能力作出决策。

4.3 > 与投资黄金、期货的比较

关于黄金、期货投资，除非是专业投资者，否则一般人可能了解的并不多。相对于实物黄金、纸黄金来说，黄金、期货投资的主要特点是具有较大的杠杆性，即少量资金即可进行大额交易，属于高风险、高收益的投资品种。

◉ 4.3.1 与投资黄金的比较

在2013年，一群中国大妈向华尔街金融大鳄宣战，甩出1000亿人民币，买走30吨黄金。阻击黄金跌势初战告捷，中国大妈一战成名。然而理想很丰满，现实很残酷，一时的阻击成功并未赢得全局的胜利，最终中国大妈在波诡云谲的金价大跌中败得一塌糊涂。黄金价格早已背弃中国大妈的美好愿望，从每盎司一千九百多美元一路跳水，跌到目前的每盎司1116.3美元。中国大妈没占到半点便宜，反而亏了近200亿人民币的本钱，令人痛心。

"股市里银行股不会跌，贵金属市场黄金最保值"，传统的投资理财观念和习惯让中国大妈吃尽了苦头。中国大妈不是金融投资专家，看不懂华尔街金融大鳄做空的真正意图，想法太过简单。在她们的观念中，钱放在银行里可能会因为通货膨胀而缩水，而黄金应该是保值的最有效手段，出于本能，她们在寻找财富保值的"避风港"。然而，在目前金融全球化的大环境下，传统的观念显然已经过时，不知深浅地踏入风险度极高的黄金之中，中国大妈的损失也是史无前例。

中国大妈投资黄金的亏本被套，折现出如下一些投资黄金的特点。

（1）金价波动牵涉因素多。对于熟悉国内商品的投资的人来说，黄金和其他产品并无两样，必然是涨多要跌、跌多必涨，既然君子兰、大蒜、绿豆和棉花能炒，黄金自然也能炒。但黄金什么时涨、什么时候跌，涨多少、跌多少，这个关键问题始终困扰着投资者，金价波动周期在国际与国内显然不一样。

在现实生活中，购买黄金饰品与投资黄金根本不同，有时被很多人错误理解。事实上，在全球金融体系中，黄金已不再是传统的黄金，它已经异化为一种专门的投资工具、避险工具、赚取收益的工具。黄金价格更多的是与美元等国际主要货币的流动性紧密相关。2008年，全球爆发金融危机，发达国家普遍采用量化、宽松的货币政策，美元持续贬值，黄金价格有了一段风光的上涨行情。但随着美国量化、宽松政策的稳步推进，美元表现依然坚挺，这是黄金一路暴跌的重要原因。明确这些投资逻辑之后，投资黄金的时机把握，便是极为重要的环节。中国大妈高位买入黄金，无疑是刀口上舔血，与当年上证指数从6124点跌至5000点时，很多投资者入市抄底一样。

投资者在投资黄金过程中的信息获取方面始终居于弱势地位，更难以把握黄金价格的走势，这一点与P2P网络借贷有根本的不同。

（2）投资黄金门槛较高。黄金交易规则规定，最低交易单位为手，报价则以克为单位，每1000克为1手，最低交易限额起点为1手，开户免费。如今天黄金市场的交易价格为每克230.1元人民币，则意味着必须至少有23010元。只有能够购买1手黄金的保证，才有入市资格。所以投资者的门槛远高于P2P网络借贷平台的入市门槛。

（3）交易品种唯一、方式灵活。投资黄金品种单一，仅黄金一项。

在项目的选择上，比股票、P2P网络借贷简单，无需把更多的精力放在选股、选择P2P平台或投资项目上；同时，黄金交易平台提供交易软件，实行24小时、T+0交易，随时都可以买进卖出、获利平仓，没有涨跌停限制；而且，黄金投资还可以买涨或买跌，只要能准确判断涨跌趋势，就能获利。这一点比股票交易灵活。其灵活性与P2P网络借贷相仿。

（4）保证金交易，可以以小博大。黄金保证金交易制度是指在黄金买卖业务中，投资者不需对买入的黄金进行全额资金划拨，只需按照黄金交易总额支付一定比例的价款，杠杆比率一般为100倍，只需交纳1%的保证金，作为黄金实物交收时的履约保证。如买入价值100元的黄金，只需交纳1元的履约保证金，交易基本上就算达成。目前，黄金交易分期货保证金交易和黄金现货保证金交易两种。保证金交易主要有价格发现、套期保值、投机获利三大功能。这一点，P2P网络借贷无法与之相比。

（5）黄金投资税收上的优势。投资黄金可以算得上是世界上所占税负最轻的投资项目，基本上只有黄金进口时的报关费用，没有其他税收项目，与P2P网络借贷相同。与此相比之下，其他不少项目都存在着不同程度的税收项目，被多数投资者所忽略。例如投资股票，股票在转手交易时需要向国家交纳实际交易额0.1%的印花税。如此计算，利润收益将会有一定比例的减少，如果频繁地进行大额股票交易，税收付出可谓不菲。再如房产投资，除了购买房产时需要交纳相应的税收之外，在获得房产以后，还需要交纳土地使用税，当卖出房产时，还会征收一定比例的增值税，各种税负叠加，其收益将大打折扣。

⊙ 4.3.2　与期货投资的比较

（1）期货投资与P2P网络借贷的不同。期货投资与P2P网络借贷投资的最大不同在于：期货投资是"零和博弈"，期货交易是"零和游戏"。期货市场本身不创造价值。在某一段时间内，如果剔除资金的进账和提取的交易费用，期货交易市场资金的总量是不变的，一部分市场参与者的投资收益是来自于另一部分人的投资亏损。这与炒作君子兰、藏獒、普洱茶等没有本质区别。

（2）期货交易的双向性。期货交易与P2P网络借贷、股票交易的最大区别，就是期货交易可以双向交易，即期货交易可以买空卖空。期货价格上涨时，可以低买高卖；价格下跌时，可以高卖低补，做空也可以赚钱。期货买卖交易永远没有所谓的"熊市"之说，即便是金融危机时期，期货市场还是风光依旧、机会依然。

（3）期货交易品种多、费用低。期货交易品种繁杂，农产品期货有大豆、豆油、稻米、棉花、白糖等，金属产品期货有黄金、白银、铜、铝、锡、钢材等，能源期货有原油、汽油等。这与P2P网络借贷项目繁杂、股票品种多相似。

与P2P网络借贷、股票交易的费用相比，期货交易费用十分低廉。对于期货交易国家不征收印花税，其唯一的费用就是交易手续费。目前，国内期货交易所的交易费用为万分之二左右，再加上经纪公司的附加费用，单边手续费不足交易额的0.1%，比P2P网络借贷、股票交易的费用低得多。

（4）期货投资杠杆作用巨大。期货交易与黄金交易一样，实行保证金制度，在这一点上，P2P网络借贷难以企及。

期货交易的杠杆效应是期货交易的原始机制，即保证金制度。期货交易无需支付全部交易额的资金，只需要支付一定比例的保证金，即可获得未来交易的权利。类似于现实中买家预购产品时交给卖家的"定金"，商品到期交货时，如果买家不愿意要货，定金自然归卖家。目前，国内期货交易所的杠杆比例大致在5%～8%之间，也就是在20倍～12.5倍之间。

期货交易的杠杆作用，正是期货交易的魅力和风险之所在，不仅放大了投资者的投资收益，而且放大了投资者交易产生的亏损和消极影响，但同时也为投资失败者的重新站立创造了机会。

（5）期货交易有时间限制。期货交易合约有商品品种、合约月份、交货时间和交货地点等明确规定，是标准化、不准变动的，唯一的变量是价格。其中，期货交易合约中的交割月份到最后交易日之内是期货交易的有效期限，也就是说，某种期货交易有时间的限制，超过期限就不准再交易。这与P2P网络借贷投标极为相似，某个借款标招标已经满标，其他投资者再也无权进行投标。

在经历"5.18""6.26"的轮番大震荡之后，疯狂的股市让不少股民心惊肉跳，损失惨重。在央行降息、股市暴跌、黄金等投资市场行情低迷的大环境下，P2P网络借贷再次受到投资者的关注，成为投资新热点。

综合而言，同样是高收益类投资，P2P网络借贷具有收益稳定、风险相对较低（对引入担保机制的P2P借贷平台而言）、时间和精力投入较少以及使用灵活的特点，具有其他投资方式无法比拟的优越性，比较适合国内大多数投资者。

第5章 如何评判P2P网络借贷平台的优与劣

"纠结"是人们生活的一部分，而且各人有各人的"纠结"。P2P借贷平台的信用评级又给众人平添了一个新"纠结"，比如某家信用评级机构刚把某P2P借贷平台评为AAA，另一家信用评级机构又把这家P2P借贷平台拉入"黑名单"。孰是孰非，众说纷纭，莫衷一是。那么，到底该如何甄别P2P借贷平台的优与劣？

5.1 ➤ P2P网络借贷评级体系

"墙外开花墙内香"。P2P网络借贷无论是在英国还是在美国，均获得了巨大成功，并逐渐在世界范围内获得认可和发展。在我国，P2P网络借贷平台在2014年也取得了3291.94亿元年交易额的骄人业绩，吸引了一百多万投资人的积极参与。但我们也要清楚地认识到，虽然P2P网络借贷平台在建设机制上，或引入第三方担保机构，或提取风险准备金实行自保，却仍然出现了投资者担心的跑路、倒闭等资金安全问题。

随着银监会普惠金融工作部的成立，P2P网络借贷行业的监管规则也有望出台，行业的"三无"状况将有所改观。可以预见，监管规则出台以后，P2P网络借贷平台圈地抢滩的"群雄混战"时代将会终结，大批不合规和违法经营的P2P网络借贷平台将被投资者舍弃，最终淘汰出局。

一边是监管政策和规则迟迟没有出台，另一边是P2P网络借贷平台业务异常火爆，一些投资者赚得盆满钵满。不时传来的平台跑路、倒闭的消息，直接损害了投资者利益，影响了社会经济健康发展，让部分投资者掉进了血本无归的漩涡里挣扎。对于众多投资者来说，是继续投资获取高收益，还是避开P2P网络借贷平台，及时收手，回头是岸呢？

主观判断得出的结论不足以令人信服，实际数据则更有说服力。截止到2015年4月底，全月新增P2P网络借贷平台119家，2015年月新增借贷平台数首次突破百家大关。据《司马钱四月刊》报道，对100家P2P网络借贷平台进行定点统计，4月份借贷交易额为3.475亿元，创历史新高，较3月份增加了4639.6万元，比上年同期提高3%，并且有持续增长的趋势，4月份平均借款利率为20.22%。数据表明，借贷平台虽然跑路、倒闭不断，行业整体坏账率上升，让投资者处于水深火热之中，但并没有引起投资人群的恐慌，更没有引起集体撤资，反而是投资人的热情不减，继续选择投资P2P网络借贷。

不论P2P网络借贷行业的监管政策是否出台，其存在是一个客观事实，向前发展是一个不可阻挡的趋势。可以预见的是，未来的监管架构是一个以政府监管、行业自律、市场约束为主的规范、惩戒的综合体系。

对于P2P网络借贷的广大用户来说，他们也迫切期盼监管政策和P2P网络借贷平台的行业标准早日问世。这有利于广大普通民众通过公开披露、经第三方权威机构审计监督的科学的评价监测数据，辨伪存真，准确判断P2P网络借贷平台的经济实力、运营能力、风险控制等数据指标，轻松识别出潜伏巨大危机的虚假借贷平台，避开"雷区"，减少投资损失，增强投资信心。

2014年10月11日，中国社会科学院金融研究所发布了《中国P2P网贷行业发展与评价报告》。该报告筛选出几十家业内有一定影响力的P2P网络借贷平台作为首次评级对象，通过征集数据信息，最终选定数据相对完整的20家P2P网络借贷平台。在此基础上，以"风险控制为本"为原则，采取多层级指标设计和定型定量指标相结合的方式，实行非现场评价和现场检查相结合的方法，研究设计了一套具备公信力的P2P网络借贷行业评级体系。

为了保证评级评价结果的全面、公正和客观，该院提出了如下几条评级评价P2P网络借贷平台工作应遵循的原则。

（1）系统性原则。评价工作应当从整体出发，涵盖P2P业务的各个风险节点。

（2）一致性原则。对各P2P平台的评价范围、程序、方法和标准等，原则上应保持一致，确保评级评价过程的规范性及结果的公正性、客观性和可比性。

（3）独立性原则。评价小组与被评价平台保持相对独立，以保证对其进行独立评价。

（4）公正性原则。评价应坚持以事实为依据，以平台报关信息为基础，以现场检查和调研为辅，结合外部审计报告，以及从其他合法渠道获得的事实材料，进行实事求是、客观公正的评价。

（5）重要性原则。评价应在全面评价的基础上，关注风险高发环节，各项指标的权重要体现指标的重要程度。

（6）及时性原则。评价工作要按照规定时间进行，要定期反馈评价结果。当平台发生重要事项时，要对其重新评价并及时调整评价结果。

借鉴美国、意大利、英国、新加坡等国际上通用的金融机构风险评级评价体系，考虑到我国的经济现实和P2P网络借贷行业的发展现状、监管政策进展，进而设计出符合我国国情的P2P网络借贷评级评价体系。

该评级评价系统建立三级指标体系。

⊙ 5.1.1 基础指标

（1）实力指标。

①注册资本：考察P2P网络借贷公司的资本实力（实收资本）。

②平台上线时长：考察P2P网络借贷平台上线后的持续运营时间，中断一个月以上，则重新计算时长。

③高管金融及相关专业背景：公司董事、监事及高管中具备从事金融、法律、会计行业5年以上的从业经验。

（2）平台效率。

债权转让平台：考察P2P网络借贷平台投资人的退出机制，即是否设有投资人债权转让平台。

（3）交易成本。

①充值费率：考察投资人在借贷平台充值时的手续费情况。

②提现费率：考察投资人在借贷平台提现时的手续费情况。

⊙ 5.1.2 运营能力

（1）平台盈利。

①净资产收益率：考察P2P网络借贷平台的盈利能力。

②平台人均收益：考察P2P网络借贷平台的人均收益。

（2）投资者收益。

项目收益率：考察P2P网络借贷平台当期项目加权平均收益率与市场平均收益率的偏差程度，偏差越大得分越低。

（3）活跃度。

①成交量：考察P2P网络借贷平台的成交能力。

②投资人数：考察借贷平台投资人气，即当期在平台投资的累计人数。

③借款人数：考察借贷平台借款人气，即当期在平台借款的累计人数。

5.1.3 风险管理控制

（1）经营风险。

①同账龄逾期率：考察P2P网络借贷平台的贷款逾期情况。

②借款人逾期率：考察P2P网络借贷平台借款人的贷款逾期率。

③借款集中度：考察P2P网络借贷平台借款的集中程度，指前10大待收借款人当期借款总额。

④最大借款比重：考察P2P网络借贷平台借款项目的极值。

⑤资金托管：考察P2P网络借贷平台自有资金与募集资金的隔离程度，即借贷资金是否由银行或第三方支付机构托管。

（2）IT技术风险。

平台资质：考察P2P网络借贷平台通过的技术安全认证情况。参考认证的标准主要有信息安全保护等级2级、ISO27001认证、中国互联网信用评价中心企业信用评级（AAA、AA、A）、安全联盟认证等。

（3）风险控制制度与团队。

①风险控制制度：考察P2P网络借贷平台项目风险控制制度规范程度。

②风险控制团队：考察P2P网络借贷平台从事风险评估、风险管理业务人员的资历和数量。

5.1.4 社会责任

（1）客户满意度：按调查问卷实际得分。

（2）服务中小企业：借款余额在50万元以下借款笔数/总笔数，看其所占比率。

（3）品牌影响。

① 正面报道：考察P2P网络借贷平台的媒体影响力。

② 负面影响：考察P2P网络借贷平台的负面因素。

③ ALEXA排名：考察P2P网络借贷平台的网络点击量。

⦿ 5.1.5　信息披露

（1）借款人信息：详细披露借款人背景信息和相关贷款资料。

（2）审计调研：定期向第三方评价机构提供年度审计报告（要求国内知名审计机构），接受评价机构不定期调研。

（3）数据公开：定期向公众公布季度运营数据、季度业绩报告。

（4）其他信息披露：定期举办投资者见面会，征信报送。

该评级评价体系各层级指标采用百分制，在计算指标得分时，充分考虑到各指标的重要性差异，设置了不同的权重。按照得分不同，划分为AAA、AA、A、B、C共5个等级，评分90分（含）以上为AAA级；评分80分（含）～90分为AA级；评分60分（含）～80分为A级；评分40分（含）～60分为B级；评分40分以下为C级。按照这一评价体系，对数据相对完整的20家P2P网络借贷平台进行了评级。从评级结果看，20家P2P网络借贷平台均在A级以上，其中，陆金所达到AAA级，有利网等2家平台达到AA级，融金所等17家达到A级。

继中国社会科学院金融研究所之后，2015年1月21日，我国最大的信用评级机构"大公国际"按照"债务人公开信息、债权人公开监督、评级专业监控、黑名单公示"四位一体的互联网金融行业信用风险管控模式，历时近8个月，对国内1395家P2P网络借贷平台全面深入研究，将其中267家P2P网络借贷平台列入黑名单。而刚被中国社会科学院金融研究所列为唯一AAA级，有着银行系、上市公司背景的陆金所则被纳入"预警观察"名单中。

2015年2月，互联网金融搜索平台"融360"联合中国人民大学国际学院金融风险实验室共同发布了2015年第一期P2P网络借贷评级报告，将100家P2P网络借贷平台从A～C分成6个级别。据介绍，融360评级体系不依赖于P2P网络借贷平台提供的数据，而是依赖P2P网络借贷平台的客观表现，依托线下情报网络和大数据分析挖掘技术，采用连续跟踪等方法，对纳入评级的P2P网络借贷平台进行风险评级。在融360发布的评级名单中，陆金所位居A级之中。

对普通投资人来说，由于对P2P网络借贷缺乏较为全面的认识和深入的研究，难以通过简单的投资习惯建立一套自己的评判标准，所以十分热衷于将P2P网络借贷平台评级作为投资依据。但不同的评级机构采用多样化的评级体系，得出截然不同的评级结果，更让投资者感觉者坠入"五里雾"中。

5.2 › P2P网络借贷评级为什么叫不响

P2P网络借贷行业当然需要评级，特别是在整个行业经营不规范、大量借贷平台被淘汰，同时又有大量新借贷平台产生，P2P网络借贷监管缺失、平台跑路频发，乱象丛生之际，对P2P网络借贷平台进行评级迫在眉睫，这是毋庸置疑的。

如果对P2P网络借贷平台有较为可靠、科学、权威的评分和评级，监管部门可以以此作为规范的主要依据，对评级较低的借贷平台限令整改，将严重不达标的借贷平台，包括那些以欺诈为目的借贷平台，清理出局；还可以帮助P2P网络借贷平台自身调整和改善经营策略，识别自身经营风险的关键点，并积极做好风险防范和化解工作；更有利于广大投资者识别出优良的借贷平台来进行投资理财。

应该说，这是一项与国、与民、与P2P网络借贷行业发展都有利的大好事，社会各方面应着力推进才是。但让人意想不到的是，不论是中国社会科学院金融研究所推出的评级体系，还是大公国际公布的P2P网络借贷平台"黑名单和预警名单"，其新闻发布会还没有散场，便招来一片批评质疑之声，尤其大公国际发布的"黑名单和预警名单"，更引来一片讨伐之声，遭到业界和媒体的围剿，痛批其"不靠谱、毫无根据，是对整个P2P网络借贷行业的挑衅"等。

实事求是地说，不管是第三方评级机构，还是个人评级，因为认识、风险权重设置和数据来源的不同，都难免有偏颇之处，这很容易理解。一方面P2P网络借贷自在国内上线以来，长期缺乏监管，没有一套官方权威的、成熟的监管标准作为评级支撑。另一方面P2P网络借贷评级一般以借贷平台的数据为核心依据，特别是衡量借贷平台是否安全，会根据逾期贷款率、坏账率两个关键数据进行评判。但这些数据多由P2P网络借贷平台自己提供，大多数借贷平台对逾期贷款率、坏账率总是遮遮掩掩，不愿如实托出。评级机构缺乏有效手段核实其数据的真实性和准确性。在P2P网络借贷风险评级体系中，数据的真实性成了关键因素。此外P2P网络借贷行业对于评分评级出台相应的制约机制，机构评级未能实现标准化，带有强烈的主观色彩。尤其是个人为P2P网络借贷平台评级，除了依托数据，局限于资料来源和真实性，很大程度上依赖于个人投资经验，主观判断过多，有失公允，难以取信于人。

"有需求就有市场"，这个规律不仅适用于生活品消费市场，同样适用于P2P网络借贷评级体系的建立。尽管P2P网络借贷市场需要评级，但评级机构，却总是吃力不讨好。许多P2P网络借贷平台大呼"伤不起"，并不欢迎评级，有的借贷平台甚至拒绝提供相关数据。许多投资者看了评级机构的评级报告，也不买账，不把评级当作一回事。

据统计，全国有P2P网络借贷平台两千多家，被中国社科院金融研究所纳入评级的借贷平台只有20家，占比不过1%，被大公国际纳入评级的P2P网络借贷平台占比也不足总数的5%。为什么P2P网络借贷平台叫不响？

◉ 5.2.1　灰色地带太广阔

对广大投资者来说，P2P网络借贷平台的安全性，是一个十分敏感的话题。当"王婆卖瓜，自卖自夸"的游戏进行不下去时，一份"安全证明"已然成为众多P2P网络借贷平台最后的"救命稻草"，而且不明真相的一般投资者也比较信服评级机构。但评级机构自身的公平、公正性就让人怀疑，其中暗含了太多的"灰色地带"。这些灰色地带的存在，与P2P网络借贷评级机构的自身属性紧密相关。

从P2P网络借贷平台评级机构的出身看，它们自身也是市场孕育的产物，一问世便具有市场属性，追求利益最大化。到底是社会效益大于小团体利益，还是个人利益大于社会效益，这是一个变数，也是一种隐患。简而言之，P2P网络借贷评级机构自身的发展尚且缺乏科学、准确的定性，又如何对P2P网络借贷平台作出科学评级？

◉ 5.2.2　评级机构成为"御用"机构

由于利益关系，第三方评级机构很容易成为P2P网络借贷平台的附庸和工具，成为其利益链上的一环，就如同专制统治下的御用文人一样。可想而知，当与自身利益关系较为紧密的P2P网络借贷平台与其他借贷平台发生商业竞争时，评级机构自然会主动参与进来，迫不及待地为自己人"摇旗呐喊"，甚至不惜在评级报告中抹黑竞争对手，还要自我标榜客观公正，实则是一家之言。

另外，越来越多的P2P网络借贷平台为了业务竞争的需要，可能会向评级机构输送利益，希望通过第三方评级机构来为自己的借贷平台增强信用背书。用时下最流行的一句话来说，评级是腐败的温床，最容易滋生腐败。

◉ 5.2.3　造假现象严重

造假主要来自两方面。

一方面是评级机构造假。在鱼龙混杂的P2P网络借贷行业的激烈竞争中，第三方评级自然不可能完全置身事外，也面临着艰难的"站队"选择。为了自身利益最大化，评级机构极有可能与P2P网络借贷平台拉帮结派、抱团取暖，参与混乱，为利益关系紧密的P2P网络借贷平台评级时造假。

另一方面，P2P网络借贷平台自身造假。如果按目前监管层划定的几条红线去监管这些P2P借贷平台，可以说，包括那些知名度高、成立时间早、经营时间长的P2P网络金托管，各P2P网络借贷平台都称实行了资金托管，但到底是真托管还是假托管可能只有P2P网络借贷平台自己最清楚。即便是真托管，借贷平台仍然可以随时调度、支配资金，这与资金不托管没有任何差别。

◉ 5.2.4　投资者说"爱你不容易"

正因为P2P网络借贷评级的正面意义大，所以当评级饱受质疑时，就不仅仅是被人误解那么简单了。但许多P2P网络借贷平台仍然十分热衷于良好评级并对之趋之若鹜，因为评级榜单可以给投资人提供投资参考，减少信息不对称。信用评分高、风险系数低、排名靠前的P2P网络借贷平台一般更能博取投资人的眼球，吸引更多投资者来借贷平台投资。

对评级机构来说，对P2P网络借贷评级的风险性特别高。谁也不能保证自己的评级模型、风险权重设置得最科学、最完善，搜集的数据最全部、最真实。如果评级为优质的某家P2P网络借贷平台动了歪脑筋，评级机构又难以在第一时间掌握具体情况，没有给用户提供预警信息，一旦发生恶性事故，评级机构容易遭受毁灭性打击，造成无法治愈的信用硬伤，从此声名狼藉。所以，评级机构发布的评级报告均注明：评级报告仅作为投资人的投资参考，不作为投资人投资建议。

对于投资者来说，风险水平、贷款逾期率和坏账率都是选择P2P网络借贷平台进行投资的关键指标。P2P网络借贷平台不仅为吸引投资者，同时为自身经营考虑，也要采取积极的措施来努力降低风险率、逾期率和坏账率。但与银行有所不同，目前国内还没有针对互联网金融统一的风险率、逾期率和坏账率的计算口径和衡量标准。参评的P2P网络借贷平台提供给评级机构的数据多是按需要给出，数据虽然"漂亮"，但水分一定很大。目前借贷平台公示的数据基本上都在1%左右，稍有金融常识的人都知道，这些数据失真，不是借贷平台真实的经营状况。要知道，即便借贷平台经营管理水平很高，其数据也很难达到1%。

投资者对P2P网络借贷评级的态度远没有评级机构期望得那么高。许多投资者调侃说："全是忽悠！有钱能使鬼推磨。"也有投资者评论说："不能全信，不能全当真。你要是全信了，会输得家也回不去！"但更多的投资者还是将P2P网络借贷评级作为选择P2P网络借贷平台投资的风向标。

事实上，评级机构如果完全市场化，因为涉及利益纷争，必然有损评级机构的公正性，从而缺失公正的评级。投资者多会选择用脚来"投票"。

客观地说，P2P网络借贷平台提供的经营指数中涉及评级的各项数据、信息均应该真实有效、公开透明，尽可能排除人为主观因素。P2P网络借贷评级体系的构建，必须站在广大用户的立场，充分运用大数据挖掘技术，选取最能反映客观实际的数据，通过主、客观相结合的统计方法，对各种风险因素进行量化、标准化处理，尽可能避免人为打分和权重设定的主观判断，最大限度地以客观公正的方式对P2P网络借贷平台进行权威性评级，并随着业务的发展不断变动、调整。其核心目的是通过P2P网络借贷平台的评级风险体系，让广大用户能更好地识别P2P网络借贷平台的风险状况，并能方便地筛选出风险管理能力强、运营较好的平台，以此作为理财投资时的操作参考。

5.3 > 怎样识别好的P2P网络借贷平台

对于P2P借贷平台的优与劣，每个人心中都有一个认知标准。这个标准体现在P2P借贷平台经营的全过程。不能低估P2P借贷平台的品牌魅力，品牌大不单是地位、档次的象征，更重要的是权威之下所展现出的收益性和安全感，而不仅是漂亮的指标。

好借贷平台有以下几个特征：

● 5.3.1 抗风险能力强，经营正规

实质上，不论P2P借贷平台形式如何演进、异化，其金融属性、经营货币的本质没有任何改变。银行业是举世公认的高风险行业，因此，传统金融业的核心是控制和防范金融风险。P2P借贷平台也是如此，提高风险控制和防范水平，既是对广大用户负责，也是自身经营稳定发展的需要。

P2P借贷平台的"正规"，一般是指经过多轮风投融资，成为有银行、上市公司或国资等强大背景、实力雄厚、人气旺盛的机构。但纵观这些借贷平台，存在"店大压客"的现象，其产品收益率明显比一般P2P借贷平台低许多，而且借款周期偏长，投资人能创造的收益空间不是很大。反观一些"草根"型的P2P借贷平台，虽然没有强大的后台，但建立了一整套风险管理制度，具有完善的风险准备金制度和第三方担保机构，多年来稳健经营，社会信誉和口碑极佳，也不失为安全可靠的P2P借贷平台。在两难中，投资人需要根据自己的需求和风险偏好，自主做出选择，从而在资金安全的前提下，降低投资风险，获得稳定、可观的资金收益。

◉ 5.3.2　好借贷平台应该信息公开、透明化

很多投资人对P2P借贷平台的信息是否公开、透明特别关注，希望从此探测出P2P借贷平台是否靠谱，从而依据这些信息，做出该平台和贷款项目是否具有投资价值的判断。他们关注的信息包括P2P借贷平台的领导层级个人介绍、企业注册信息、公司的发展历程等，特别是P2P借贷平台公开的借款人信息，因为这能够直接反映出借款人的素质，间接反映出P2P借贷平台的风险管理团队管理水平的高低和信用审核机制是否完善。

因为借贷平台每一个借款标，除了介绍借款金额、期限、利率、用途等基本需求以外，还详细标注了借款人的年龄、性别、职业、学历、婚姻状况、工作所在地、收入情况、信用卡额度以及房产、车辆等信息。这些信息从一定程度上反映出借款人的还款能力和还款意愿。在不了解借款人详细情况的前提下进行投资，免不了带有许多盲目性，需要承担更多的投资风险。

只有P2P网络借贷平台做到各方面信息完整、真实、可靠，投资者才

能投得安心、投得放心。但目前绝大部分借贷平台在信息公开方面都模糊不清。这让许多投资者联想到，近年来出现问题的P2P借贷平台暴露出的第一个问题便是信息不透明、不公开，借款人信息含糊不清，甚至连居住地也不愿向投资人公开，投资者不禁怀疑借贷平台是自建资金池、自融自用。

◉ 5.3.3　好的借贷平台要有较高的用户体验

几乎所有在P2P网络借贷的投资人都有自我学习、不喜欢被浪费时间和用户亲身体验的本能要求。但目前的P2P借贷平台只是沉浸在宣传自身业务的忙碌中，忽略了从用户体验的角度吸引投资人自觉参与，扩大业务。

如有一家P2P借贷平台发布了一个借款额为150万元的项目，项目期限为1年，年化收益率为13.5%，借款用途为企业设备技术改造，项目实行按月付息、到期还本的方式。但借贷平台又明确规定，最低起投资金为100元或100元的整数倍。这样的硬性规定，忽略了投资者的实际需要，给投资者的投资带来许多不便，更谈不上用户体验。如果投资者投资1万元，每月可获得110元左右的利息收入。但如果投资者账户里有10094元，按照借贷平台的规定只能投资1万元，余下的94元就无法投资，而该家借贷平台又没有对接货币基金的产品，这94元零钱只能一直闲置在账户里。

P2P借贷平台的客服人员解释说，平台对接的是"汇付天下"第三方支付资金托管模式，无论是充值还是提现，都要付手续费，充值费率是千分之三，提现每笔2元。借贷平台虽然有免费充值额度，但为防止一些用户恶意提现（如1元、1角等），借贷平台规定：用户必须全部承担"汇付天下"的提现费用。

这家借贷平台并没有从投资者的投资心理出发，作出了"霸王"式的条款规定，貌似合理，投资者也不能指责什么。但是，不从用户的角度出发，不考虑投资者的需求，不解决投资者在投资过程中遇见的难点、痛点，不让投资者介入用户体验，从互联网金融业务模式、P2P网络借贷竞争的角度认真考量，这样的借贷平台将会在激烈的市场竞争中难逃被淘汰出局的厄运。

● 5.3.4　好平台必须在有效的监管之下

在央行监管政策没有落地、监管措施没有到位的大环境下，仅靠行业自律很难让P2P借贷平台自觉保护和维护投资者的合法权益。所以在现阶段，P2P借贷平台的资金交由第三方监管显得尤为必要。而有公信力、有控制和抗风险能力、有托管能力的第三方托管机构的介入，有利于增强投资者的信心。

相关资料显示：截止到2015年6月，第三方支付公司"易宝支付"对接近500家P2P借贷平台，"汇付天下"对接近700家P2P借贷平台，其风险的监管能力十分有限。一些P2P借贷平台携款跑路，也折射出第三方支付平台托管资金的隐患。目前，P2P借贷平台的资金托管方向大多向银行倾斜。

● 5.3.5　合理的投资收益

投资者投资P2P网络借贷的主要动机就是获取投资收益；借款人从P2P借贷平台借入资金，也希望付出最少的利息支出；P2P借贷平台为了生存发展，也在追求利益最大化。优良的P2P借贷平台会妥善兼顾三方面的利益，如果投资者的收益过高，优质借款人利息负担过重，借款人数必然减少；如果投资者的收益过低，投资人会大幅度减少，资金来源不充裕，P2P借贷平台也难以生存。所以，P2P借贷平台必须千方百计地降低成本，把各方利益控制在合理的范围之内，借贷平台的业务经营才会变得红红火火。

⊙ 5.3.6　借贷平台有内涵、有活力

一个有内涵、有活力、有文化底蕴的P2P借贷平台，在用户打开网页进入网站后，就会第一时间发现它的与众不同之处，瞬间体会到厚重的文化氛围和充满活力的气息。尽管这一切与投资收益并没有太直接的关系，但透过这一点，能折射出借贷平台背后必然活跃着一支蓬勃向上的团队。投资者会觉得有这样的团队管理、运营借贷平台业务，风险控制和防范工作不会差到哪里去，投资交给他们也是值得信赖的。

第6章 P2P网络借贷，这财究竟如何"理"

P2P网络借贷是传统金融的有效补充。充足的客户流量和机制的灵活性，再加上或明或暗的"本息担保"承诺，让P2P借贷平台成为金融理财的"新秀"。与传统的理财方式不同，P2P借贷平台理财需要一点小技巧。

6.1 ＞ 选择P2P网络借贷平台的重要因素

依据《指导意见》，P2P网络借贷步入规范发展的监管时代。《指导意见》明确了P2P网络借贷平台是信息中介，不得提供增信服务，强调了投资风险自担的原则。P2P网络借贷借款端的资信评估、信息披露将更加真实、透明；投资端的合格投资者的制度和风险提示得到安全和完善，投资者的权益将得到保障和加强，投资者更容易甄别优质的P2P借贷平台和借款人项目。

监管制度的落地，结束了长期以来P2P网络借贷行业无监管、无规则、无门槛的混乱状态，使信息披露更加透明，使投资者合法权益的维护得到加强，P2P网络借贷行业"劣币驱逐良币"的现象将彻底改变。但这并不意味着投资者可以胡乱选择一家P2P借贷平台，特别是在P2P借贷平台去"担保化"、取消先行垫付后，投资者更需要谨慎，更需要选择品质优良、经营稳健P2P借贷平台投资。

任何时候，再大、再多的投资收益都少于本金！对于投资人来说，保障本金是最根本的目标。什么样的P2P借贷平台才是品质优良、稳健经营的"良币"呢？

◉ 6.1.1　借贷平台的诚信为第一要素

不论是扮演"信息撮合"角色还是"信用中介"角色，P2P借贷平台玩的都是金融业务，其核心就是"诚信"。央行出台监管政策、新闻媒体严苛批评、社会公众同声谴责、业内实施行业自律，归结到一条，就是要求P2P借贷平台经营要诚信，平台的借款人要诚信守约。诚信属于道德范畴，是日常行为的诚实和正式交流的信用的合称，也就是"言必行，行必果"，一诺千金。人无信则不立，P2P借贷平台也是如此。可以说，诚信是P2P借贷平台和借款人的"第二身份证"。

诚信不是靠嘴说出来的，也不是信用评级机构评出来的，而是靠脚踏实地，一天天、点点滴滴做出来的。不管P2P借贷平台的背景有多深，也不管实力有多雄厚，都要诚信对待每一位客户，不能任性。在互联网技术高度发达的场景时代，稍有经济常识的投资人，通过互联网搜索等其他简单的技术手段查证，就能轻而易举地分辨出P2P借贷平台的诚信度。一些P2P借贷平台股东背景扩大、运营团队掺水、经营规模浮夸、借款项目虚假，欺骗投资人，本质上都是不诚信的表现。这些平台自以为高明，其实受到伤害的不仅仅是投资人，还有P2P借贷平台自身。

◉ 6.1.2　借贷平台的安全可靠性

截止到2015年7月26日，全国尚在正常运营的P2P借贷平台有2028家，而出现问题的P2P借贷平台数量已经累积到864家，其中，停业的91家，占问题平台总数的10%；提现困难的394家，占问题平台总数的

46%。这两类平台的问题出在自身实力不强、经营管理不善、信贷风险管理控制得不好，使得坏账率过高，超过借贷平台的负荷能力，从而导致资金链断裂。虽然投资者一时无法取回资金，但只要P2P借贷平台不跑路，投资者迟早还是能通过其他途径追回部分资金，减少损失。

但对于投资了诈骗跑路的P2P借贷平台的投资者来说，追回投资的希望十分渺茫。在累积出现问题的864家P2P借贷平台中，跑路的有379家，占问题平台总数的44%，占P2P借贷平台总数的13.62%。就是说，在每10家借贷平台中，就有1家会跑路、玩失踪，对投资者来说，这无疑是一个最好的警示。投资P2P借贷平台，雷区很多，误入雷区，投资者的投资也会"粉身碎骨"。

在选择P2P借贷平台时，可根据以下几方面进行选择。

（1）借贷平台掌门人的背景。P2P借贷平台背景硬、有靠山，一般实力较雄厚，在激烈的市场竞争中往往处于更加有利的地位，不会轻易跑路，更容易受到投资者的青睐。

另外，P2P借贷平台创始人的背景也特别重要，却常常被许多投资者忽略，但这绝不是一个无关紧要的小问题，因为一个人的素养和性格不仅会成就自己，也会间接影响整个公司的风气和运作模式。目前我国P2P借贷平台可分为如图6-1所示几类。

国资系	金融系	互联网系	风投系
开鑫货（江苏） 金开岱（陕西） 保必贷（上海）	小企业e家 民生易贷 小马bank 陆金所 投哪网	招财宝（阿里） 搜易贷（搜狐） 微财富（新浪） 京东金融（京东）	人人贷、积木盒子 拍拍贷、微贷网 有利网、理财范 爱钱帮、雪山贷 银客网、火球网 豫商贷、银豆网

图6-1　国资、金融、互联网、风投系P2P借贷平台一览图

（2）借贷平台的经营规模。按照目前理论界通用的企业价值评估方法，一般从5个方面评价P2P借贷平台的经营规模，即P2P借贷平台的借贷交易额和交易额增长率、营业利润、新增固定资产投资、新增营业成本和资本成本率。这5个要素环环相扣，通盘构成P2P借贷平台的发展规模和潜力。并不是说P2P借贷平台的规模越大，就表明平台越靠谱、越不会出问题，但"船大抗风浪"，规模大的P2P借贷平台相比发展较慢、规模较小的借贷平台来说，良性运转的可能性较大，投资收益效果更加明显。

（3）借贷平台的安全模式。P2P借贷平台的关键之处在于其一端连接投资人。系统的安全问题一直是P2P借贷平台的重中之重，P2P借贷平台必须有专业技术团队自建或维护系统，但投资者对P2P借贷平台的安全性摸不着、看不见。

识别P2P借贷平台方法，第一看P2P借贷平台是否有一个技术团队；第二则只能靠投资者进入P2P借贷平台网站后的"用户体验"。对于体验欠佳的借贷平台，投资人的选择只有"用脚投票"。好在现在国内的P2P借贷平台多，可供选择的空间大。

纵观大多数倒下的P2P借贷平台，最主要的原因是因为盲目竞争引发流动性风险。为了抢到投资人，这些投资平台几乎到了不计成本的地步，忘了P2P网络借贷是一个新兴的行业，一切都在"摸着石头过河"中发展。由于行业没有门槛和规则，人才奇缺，且发展太快，倒闭的风险也相应增大。而掌门人的杰出才干和平台较大的经营规模，有助于企业抵御各种市场风险。

● 6.1.3 借贷平台从业者素质

2015年1月～6月底，国内有440家P2P借贷平台出现问题（倒闭、跑路、提现等问题及平台主动停业），高于2014年的287家，呈明显增长态势。粗看起来，问题出在P2P借贷平台上，但再往细看，问题还是出在"人"身上。无论是信贷审查不严造成坏账率攀升，还是期限错配致使资金链断裂，业务难以持续的根本原因都是经营管理的决策者和执行者的重大失误（个别诈骗平台除外）。

一般来说，优质的P2P借贷平台大致需要以下3种人。

（1）决策层：精通业务的专业技术人员。从业人员主要是金融职业人员和互联网偏技术的精英，主要来自于传统银行的工作人员和互联网IT企业。金融职业人员的特点是有多年银行工作经历，熟悉银行的信贷操作和风险管理流程，具有较为专业的经济金融、货币证券等各类知识背景；至于偏技术类的专业人员，大多科班出身，有过金融类公司或类金融公司工程师的经历。这类人是P2P借贷平台的中流砥柱，由于具有良好的工作能力和较高的专业素养，他们通常会从经济波动周期、行业发展全局、资金市场活动规律、制度设计的细节分析问题。

（2）执行层：出身民间借贷的从业者。这种人大多出身草根、做事踏实、工作努力、敢想敢干，多有民间借贷的经历，具备相对完整的知识储备，熟悉国家宏观经济大势，一般在小贷公司、典当行、担保公司工作过。虽然他们中有不少人就是P2P借贷平台的创办人（或合伙人），但他们的强项是他们自身的执行力或对市场机会、公司经营管理、人才识别的透彻判断，属于那种说得少、干得多的实干人才。

这种人行事一般比较低调、不张扬，算不上"高大上"，但他们是P2P借贷平台的脊梁，没有他们，再高明的决策也是纸上谈兵，只开花不结果。

（3）造势者：负责平台营销的从业者。人员年纪轻，具有一定的营销理论知识。由于P2P借贷平台门槛低、发展快、收益高，这些年轻人纷纷脱离传统媒体、公关公司、品牌广告公司等，跳槽进入P2P平台，虽然他们并没有足够的互联网金融知识储备，但他们了解客户心理，熟悉品牌宣传、网站推广的造势流程，懂得如何博取投资者的眼球，必要时甚至会要一些"小花招"，制造舆论，进行炒作。有了这批人的介入，整个借贷平台显得生机勃勃，极富朝气。

集聚这三种类型人材的P2P借贷平台，虽然目前在行业里并不一定处于领头羊的位置，但这样的借贷平台有活力、有后劲，一般不会出现问题，基本上稳健经营，对投资者有着非常大的吸引力。

6.2 ＞ 莫把陷阱误当"馅饼"

人们对馅饼与陷阱有着天地之别的态度，对馅饼充满期待，日日仰望，祈盼上天赐予；对于陷阱则满怀警惕，时时逡巡，唯恐不慎入套。馅饼来自天上，陷阱源于地下，一个遮住眼睛，一个挡住脚步。粗看起来两者风马牛不相及，并无交集，但实质上，两者有雷同之处。人们常说"天上掉馅饼之时，就是地上有陷阱之日"。

其实，类似的馅饼诱惑不少，充斥在P2P借贷平台上，如高利息、秒标等，让人有一种"没有不可能，只有想不到"之感，且"货色"之多、"品种"之全，常常超出常人想象，甚至让人生出"剪不断，理还乱""别有一番滋味在心头" 的无限感慨。但馅饼与陷阱往往最终结为一体。在许多时候，首先出现的是馅饼，其用香甜勾起人的食欲，让人渐渐沉溺于美味可口的佳肴中而迷失自我，而此时地面隐匿的陷阱会突然出现，由于人的警惕性已松懈，不小心一脚踏入，便再也难以挽回。

一些P2P借贷平台为了达到目的，在平台网站上频频放出诱人的"馅饼"，但由于P2P借贷平台的特殊性，所以"馅饼"的种类不是太多，大致有以下几种。

6.2.1 高利率

银行活期存款利率本来就不高，加上近年来屡次降息，低到存款人可以忽略不计的地步，如一年期定期存款利率为2%，银行理财类基金产品利率为5%～7%，债券基金类产品利率为7%～9%，信托产品的收益率为9%～12%。即便是红遍大江南北的"余额宝"的收益率也下滑到4%以下。而正常P2P借贷平台的利率为12%～15%，优势十分明显。同时，P2P借贷平台又有购买起点低、没有具体购买金额起点限制和流动性高的特点，期限短则1个月，长则1年以上，而且逐月归还借款，可供投资人灵活选择。它不像传统理财产品，一旦投入资金就要到期后才能收回投资。

正是利用这些优势，一些P2P借贷平台抛出20%以上畸高的收益率，同时还附加各种奖励、优惠的借款项目来吸引有投机心理的投资者。如2013年上线的湖北天力贷P2P借贷平台，其发布的所有借款项目的年化收益率普遍在22%以上，并伴有3%～7%不等的投标奖励，年化收益率累计达到30%。如此的高收益吸引了大批投资者，促使其在短短5个月内卷走资金五千多万元。

一般地，一些新上线的P2P借贷平台会用年化收益率为20%的借款标招揽投资者，通过"赔本赚吆喝"的方式提高借贷平台的人气，但随着P2P借贷平台业务的扩大，收益率会逐步降到18%或16%，甚至下降至正常水平。

6.2.2 天标

天标，顾名思义就是投资期限特别短，可以快速回收投资本金，以"天"计算投资期限的借款标。天标不是单独的标种，它实质上就是超短期标，是P2P借贷平台将网站的信用标、担保标、质押标、净值标等按照天数选择后进行发标。天标的利息计算与月标没有什么不同，只不过是把月利率换算成天利率。天标的还款时间是从满标审核后次日算起，到期日当天还款。

P2P借贷平台为什么会出现那么多天标？一般来说，P2P借贷平台拆标是一个"公开的秘密"。也就是P2P借贷平台将金额大、期限长的借款项目拆分成若干个金额小、期限短的借款项目，拆分后的项目到期后再重新进行统筹。在大量拆标的情况下，经过拆分的项目标的到期后，如果没有新的资金来源适时弥补，就会造成资金链彻底断裂。

2013年5月开张的安徽铜都贷，注册资本为1200万元。铜都贷在开张后短短一个多月内，以迅雷不及掩耳之势崛起，日交易量从一百多万元增至一千多万元，贷款发放量突破亿元，半年时间，借贷交易额达到4.6亿元，一度被认为是P2P网络借贷行业增速快、实力强、潜力大的"新星"。然而，2013年11月2日，一笔500万元的到期借款标压垮了铜都贷，使铜都贷资金运营出现问题，不能按期兑付。网站随即对外发布公告停业。而在此前，铜都贷网站平台的首页上所发布的6个借款标中，就有4个10天以内的超短标，且承诺较高的收益。

◉ 6.2.3 秒标

所谓秒标，又被称为秒还借款标，可以理解为一种以用户在P2P借贷平台所拥有的现金作为抵押的授信方式。发布秒还标，利息和管理费将被暂时冻结，投标满后，系统自动审核通过，发标人瞬间送出一个月的利息和管理费，投资人则收回本金和利息。秒标是一种带有娱乐庆祝送钱性质的借款标，一般由P2P借贷平台的所有者发布，多用于P2P借贷平台的营销推广。

部分P2P借贷平台为追求娱乐性，吸引投资者加入，以秒标提高借贷平台的人气。也有一些借贷平台的秒标本身就是"庞氏骗局"，抛出香甜的诱饵，用新投资者的资金归还老投资者的投资和利息，制造P2P借贷平台虚假繁荣的景象，进而骗取更多投资人。令人担忧的是，由于秒标期限特短、收益高，一些投资人甚至专门投资秒标，还自誉"秒客"。

2013年10月15日，P2P借贷平台"福翔创投"刚上线3天，老板便携款跑路了。事后查明：福翔创投在备案时仅是一家工作室，上线后发布的借款标收益率均在25%左右。这一偏高的利率水平，对于刚上线的P2P借贷平台来说，也较为普遍。但与其他新上线的P2P借贷平台不同的是，福翔创投同时发布了一些期限短、收益高的"秒标"来诱骗投资者充值，然后在满标的当日卷款跑路。

面对如此高收益率的借款标和如此超短期的天标、秒标，投资者的头脑要清醒、眼睛要擦亮。是馅饼还是陷阱，稍加判断就能分辨出真伪。借款人的借款主要用于实体经济（中小企业）和个人消费，什么样的企业能获得如此高的利润，承担如此高的利息负担？企业的经营状况已经到了什么样的境况才不得不去融数额如此之高的资金？什么样的企业资金周转只需要几天？如果市场中真有这样的企业，那这样的企业在激烈的竞争中还能存活多久？

◉ 6.2.4　理财预期收益高

一般而言，P2P借贷平台的预期收益率都会提前在网页的公告栏上告知投资者，许多投资者也误以为这就是实际收益率。其实，预期收益率并不是到期后的实际收益率，仅是到期后收益的预期，是一个变量，不是定数，所以投资者千万不要被一些P2P借贷平台超高的预期收益率所迷惑。不仅因为高收益与高风险一般成正比，更有可能是高收益背后的一场浑水摸鱼的作秀，到期后即便投资者收到低于预期收益率的收益或者亏了本金也无从追讨。

投资者在分辨馅饼与陷阱的同时，还要避免走入以下的这些误区。

（1）收益率越高越好。对于P2P借贷平台的投资者来说，收益率是一个重要的参考因素，但并非是收益率越高越好。在社会资金平均利润率和社会资金平均成本的决定下，扣除相关成本和考虑坏账损失的情况，P2P借贷平台的收益区间应该在15%左右浮动。因此，投资者在考察投资收益率的同时，更应该注重考察P2P借贷平台的经营模式、经营实力、风险控制能力等；反之，也并非是收益率越低越安全，收益率低并不意味风险低。

（2）逾期贷款不等于就是坏账。所谓逾期贷款，是指借款人在约定还款日没有履行还本付息义务而造成的债务延期。在金融行业，贷款逾期是常见现象，理论上的零逾期并不存在。一笔贷款如果形成逾期，经过相关人员的催收等资产处置工作后，债权人仍然没有收回贷款本息且在今后一段时间内（3年左右）也没有收回的可能，才能认定这笔逾期贷款形成坏账。作为投资人，应该把注意力聚集在贷款发生逾期后，平台的风险管理和催收上。

（3）平台越久越安全。判断一个P2P借贷平台是否安全，不能简单地看它运营时间的长短，关键要看它的风险管理能力。不能因为迷恋老平台，而否定新平台。新平台自然有新平台的长处。这些平台刚上线时，要提高人气，常常发起一些优惠推广活动，收益率比老平台稍高一些。有位投资P2P借贷平台的投资人总结了一句话："多短低开，经久不散，实名小试。"

① 多短低开。多是指借贷平台的人员要多，一般要在50人以上；短是指借款标期限要短，一般在一年之内；低是低息，一般收益率在10%～15%区间内最合理；开是指P2P借贷平台的信息要公开透明。

② 经久不散。"经"是指P2P借贷平台的高级管理人员要有金融从

业经验，都有对金融的敬畏之心；"久"是指P2P借贷平台的经营一般都在一年以上；"不"是指P2P借贷平台的资金使用期限上不错配；"散"是指分散投资，投资者要精心挑选3家～5家优质P2P借贷平台进行投资，"鸡蛋不要放在一个篮子里"。

③ 实名小试。实是指P2P借贷平台的股东要有实力或有风投资金注资，可以提供良好的资金流动性；名是指知名度；小是指借款标的规模要小，坚持小额分散才是P2P借贷平台安全运营的保障；试是指投资人在把握不准时要小额试水，切忌盲目投资。

④ 迷信信用评级或专家推介。P2P借贷平台的信用评级充其量只能是一个参考而已。目前，国内P2P借贷平台的信用评级机构是否权威、是否公正有待商榷，其评级报告一样不靠谱。对于所谓名人、专家或媒体推介，也非常有可能是P2P借贷平台的一种营销手段。

6.3 ➤ P2P理财，互联网思维很重要

　　P2P网络借贷是个人对个人的借贷交易与互联网深度结合的产物，借贷交易过程全部经过互联网实现。P2P借贷平台登陆中国后，随着互联网技术的发展与民间借贷的有机结合，克服了"水土不服"，走出了一条适合中国国情的发展之路。P2P借贷平台理财具有没有门槛、易操作、收益高且不受时间、空间、地域限制，便捷、灵活、能与每个人的生活消费达到快速切换、无缝对接等诸多优势。因此，用户在P2P借贷平台上进行理财，除了要选择安全可靠的P2P借贷平台以外，还必须摒弃传统的理财思维模式，用互联网思维方式进行理财。

　　什么是互联网思维？可能100个人有100种说法，这并不重要。但有

一点谁也否认不了，符合互联网时代精神本质特征的思维方式就是互联网思维。"互动"的本质是民主，"联接"的本质是开放，"网络"的本质是平等。

● 6.3.1　用互联网思维投资理财

过去几年，移动互联网的扩张规模和速度令人瞠目结舌。互联网思维已经成为一种魔力，几乎无所不在、无所不能、无往不胜。从余额宝到微信理财通，再到P2P借贷平台，互联网理财时代已经来临。借助移动互联网这个大舞台，P2P借贷平台承载着"开放、平等、协作、分享"的互联网精神走到每个人身边，成了人们的掌中之物，被人们装进了口袋，为不同收入群体、不同阶层人士提供了极为方便、优越的投资理财条件。

理财，不是纯粹的拼死拼活地赚钱，而是对自己的现有资产（包括现金资产）进行有效管理，在保证满足自己正常生活所需之外，对自己的全部资产进行合理安排、支配，用自己暂时不用的闲钱去"生钱"。与投资不同，理财本身并不是为了赚钱，而是为了让生活、情感及工作有一个可靠的物质保障。理财远没有投资股票、期货那么复杂，也并不要求有专业的技术知识储备，但坚持长期做起来并不容易，需要有恒心和韧劲。

俗话说"你不理财，财不理你"。P2P借贷平台理财没有时间、空间、地域和金额起点等限制，只要用户对互联网有一定的了解，懂得基本操作方式且有理财意愿，都能够在P2P借贷平台上找到适合自己的理财项目。任何没有时间、没有钱、没有中意的理财产品等说法，都是不愿意理财的借口。

那么如何利用P2P借贷平台理财呢？

◉ 6.3.2　做简单的收支预算表

理财需要做的第一件事，就是做一个简略的收入、支出预算计划，制订家庭资产收支预算表，大致测算每月的收入、支出。对于工薪阶层的人来说，每月的工资收入较为固定，钱要花得清清楚楚、明明白白。一般每个家庭的开支不外乎有5部分：（1）生活必需的开销；（2）用于人际交往的花费；（3）用于教育的开支；（4）旅游开支；（5）用来投资的资金。只有（1）部分不能缩减，否则会降低生活的品质。

◉ 6.3.3　从记账工具走向理财平台

不论是家用电脑还是手机，都能从网上下载一款比较成熟的免费的国产家庭理财软件，借助理财软件全面管理日常生活收支、资金流动、重大资产和债权债务等家庭财务变动情况。日常生活中的每一笔开支，小到一次打的、一支雪糕，要尽可能全部记录在账，越详细越好。同时，理财软件中的财务分析功能，能帮助用户分析年度、季度、月度的日常生活收支，分门别类地归纳分析资金的开支项目和去向。用户可以清楚地知道自己的钱花在何处，哪些钱该花、哪些钱不该花、哪些钱可以节省下来。两个月坚持下来，用户就会慢慢节制胡乱花钱的坏习惯，达到理性、合理消费。

◉ 6.3.4　攒出人生第一桶金

当你开始记录日常生活账时，说明你已经迈出了理财关键的第一步。刚开始理财时，不能急于投资生财，要先学会控制自己的"欲望"，攒钱很重要，没有足够的资金，投资只能是无源之水。因此，必须积累一定量资金，为以后的投资计划打基础、做铺垫。互联网时代，攒钱的方法也变得多种多样，不像以前一定要去银行营业厅存1年或3年定期存款，较好的选择是将银行工资卡中当月不用的零用钱转入诸如"宝宝类"理财产品的账户内，既能方便购物使用，又能获得不错的收益。

6.4 > P2P借贷平台理财有技巧

P2P借贷平台理财的本质是一种创新的民间借贷，与其他传统理财方式不同，不仅需要掌握一些技巧，同时还要掌握计算机安全操作、登陆互联网、输入中文字符等基本技能。不管理财者的学历或智商有多高，任何时候、任何情况下都不能掉以轻心，不要把在P2P借贷平台上"钱生钱"想得太简单。虽然不能说P2P借贷平台是最好的理财方式，但它被众多年轻和中老年用户喜爱和接受是不争的事实。P2P借贷平台理财要求用户管好自己的"钱袋子"，培养互联网理财思维，科学理性地支配资金。

相关资料显示，P2P借贷平台的理财用户大多为年收入10万元以下、以年轻人为主的"草根群体"。虽然他们对在P2P借贷平台上理财投资的热情很高，但对相关的理财投资技巧却知之甚少，许多人跟风理财、从众投资。作为一个聪明的P2P借贷平台的理财者，在进入P2P借贷平台前，一定要先比较几家P2P借贷平台的借款标的周期、年化收益率、还款方式、服务费用，有目的地选择3家～5家安全可靠的P2P借贷平台作为备选理财平台。

（1）坚持"投短不投长"。在P2P借贷平台上，正常借款标的期限有长有短，正常的借款标的期限一般短则1个月，长则3年或期限更长。至于超短期的"秒标"和"天标"，虽然隔天或几天后就能收回本金，获取较高收益，但那不是P2P借贷平台的借款标常态，建议一般投资者不要盲目购买。不管是长期标还是短期标，都适合不同人进行选择。一般来说，如果理财者手中的资金只是暂时不用，在不久后会有其他用途，在这种情况下，就只适合投短期标。这样闲钱不至于搁置，还能赚取一定的利息收益，同时也不会影响以后的其他用途。

（2）坚持"投小不投大"。P2P借贷平台上，大量借款标的不仅期限上有长短之分，金额上也有大小之别。对每一位借款人而言，不论是个人借款还是企业借款，一般都是金额小的借款还款压力较小。超大额标的P2P借款项目，比如几千万的大额借款标，这个风险已经不是某个人可以控制的了，借款人或借款企业也不可能拿出几千万的房产作为抵押，质押更不可能。一般的，个人借款项目几十万，企业借款几百万，还款压力较小，即便出现资金困难，周转起来也方便得多。所以，初入P2P借贷平台的理财者，投资大额标的要慎重。

（3）坚持"投中不投高"。目前各P2P借贷平台的年化收益率高低不相同，即便是同一家P2P借贷平台的收益率差别也很大。如P2P借贷平台"积木盒子"有年化收益率6%的"活期宝"，也有年化收益率13%的抵押借款。从大部分P2P借贷平台的收益率看，基本上都在8%～18%。有经验的P2P借贷平台的理财者，大多选择购买中间收益率的理财产品。风险承受能力一般的理财者，不宜投标购买收益率过高的借款标。收益率为24%～40%的P2P借贷平台已经超过了人民银行规定的民间借贷利率上限。对于超过的部分，虽然有一些P2P借贷平台以充值奖励、投标优惠的名义发出，但这部分收益仍然得不到法律的保护，具有一定的风险。毕竟个人投资理财者做的不是风险投资，宁愿回报率低也要稳。

（4）坚持"投整不投零"。对于有些借款人发布的带有零数的借款标，如18060这样的借款标，投资者需要慎重对待，想为什么连60元的额度都要列入借款标中呢？应该是借款人的经济相当拮据，手中很缺钱。像3万、5万、8万这样的整数借款比零数的更安全。

（5）坚持"投强不投弱"。强弱的意思是指借款人的年龄，借款人的年龄与创造财富的能力、还款的意愿有很大关系。像二十多岁的小青年和老年人，虽然不能有年龄歧视，但他们创造价值和赚钱的能力显然比30岁～40岁这个年龄段的人要稍稍逊色。借款给这个年龄段的人，相对来说风险要高一点。30岁～40岁这个年龄段的青壮年正处在创造财富能力最强的时候，当然也有足够的能力用投资者的钱去赚钱，然后给投资者分成。一般年龄小的借款人的还款能力没有中年借款人的强。

（6）坚持"投近不投远"。把款借给本地借款人，总能给出资人更安全、更靠谱的感觉，主要原因是住的距离近，更便于考察，即使发生逾期违约的情况，上门催收、通过法律程序诉讼也比较方便。

（7）坚持"投赚不投创"。所谓"投赚"，指把钱借给正在运转赚钱中的企业或个人，而尽量不要把款借给刚刚创业的企业或个人。刚开始创业或刚起步的企业和个人前途未卜，存在着很多不稳定因素，还有许多的未知。如果创业成功，还款不会出现问题；但如果创业失败，丧失还款能力，贷款本息收回很难。

（8）坚持"投女不投男"。虽然没有女人比男人更讲信用的说法，但P2P借贷鼻祖尤纳斯创立的"格莱珉"银行的实践却充分证明了这一点。格莱珉银行为社会底层的农村贫困户提供无担保抵押信用贷款，其中女性占96%，到期主动还款率高达99%，或许这一点说明了，女人总是比男人更能占领道德的制高点。

（9）坚持"投老不投新"。P2P借贷平台在长期的业务实践中，总会培养一批忠实的老用户。这些用户已经和P2P借贷平台建立了一种长期友好的合作关系，他们遵守信用，对资金的需求和借款的归还都有良好的记录，且还款能力稳定、还款意愿强烈，比较重视个人的信用记录。把钱借给他们，借款逾期形成呆账、坏账的可能性比较小。

（10）坚持"投抵不投秒"。从目前各商业银行贷款逾期，最终形成坏账的情况来看，由低到高的贷款种类排列依次是担保抵押贷款、抵押贷款、担保贷款、信用贷款。抵押担保贷款之所以形成坏账，大部分的原因是银行工作人员工作失误造成，如担保人担保无效或失踪、抵押物不足值等。如今P2P借贷平台又增加了净值标和秒标的借款种类。所谓净值标借款标，是借款人以个人的净投资作为担保，在一定净值额度内发布的一种借款标。但净值标常常成为一些借款者重复参与投资的工具，风险较大。秒标，一方面本身可能就是P2P借贷平台虚构的借款标，根本就没有真正的借款人，只是P2P借贷平台希望通过"秒标"送利息的方式来吸引投资者眼球、提高知名度；另一方面平台通过秒标制造P2P借贷平台人气旺、盈利多的假象，极易发展为典型的"庞氏骗局"，具有很高的风险。

对于一个刚刚在P2P借贷平台理财的新手，还有以下几个原则要坚守。

◉ 6.4.1　"不要把鸡蛋放在一个篮子里"

把你理财的资金总额（不分金额多少）看成是一筐鸡蛋，要让鸡蛋安全，最妥善的办法是把鸡蛋放在不同地方的几个篮子里。万一不小心摔碎其中一个篮子，至少不会损失全部的鸡蛋。鸡蛋放在几个不同篮子里的目的，是使你的理财资金分布在不同的P2P借贷平台的不同借款标上，以减少总体收益面临的风险。不论是自己选定或是别人推荐的P2P借贷平台，无论它过往的经营成绩多么优异，在你心目中如何安全可靠，谁也不能保证不出问题。

◉ 6.4.2　绷紧"风险"这根弦，分散理财

　　P2P借贷平台在国内仍然处于成长期，对理财者而言，根据自己的资金实力和风险偏好甄选P2P借贷平台和借款产品是一项"高大难"的工作。所以，在备选的优质P2P借贷平台分散理财是一个不错的选择，一是地域上要分散，选择不同地域的借贷平台理财；二是在不同借贷平台的不同贷款项目上分散理财。在期限的搭配上，要坚持期限合理搭配，短期标的资金回笼快，长期标的收益高。理财者可根据自身实际情况进行长短期的配置，比如手头有5万元闲置资金，可以1万元投资1个月，2万投资3个月，剩下2万元投资6个月或1年期，这样的理财方式具有资金周转快的优势。此外，时间上的分散还可以将资金分成多份分批投入，第一天投入一部分，过十来天后再投入第二份，接着再投第三份。这样循环下去，待还款期限到后，可以陆续拿回资金。一旦P2P借贷平台出现风险，可能已经有一些投资到期并顺利取回本金利息，从而避免大量资金滞留在P2P借贷平台，陷入无法取回的困境。

◉ 6.4.3　建立组合利率，平衡风险

　　很多理财者在P2P借贷平台理财时，盲目追求高收益率，哪家平台收益率高就去哪家理财，而对一些稳健的收益率稍低的P2P借贷平台嗤之以鼻。这样的理财方式和策略并不足取。投资者遇到高利率的P2P借贷平台一定要格外小心，即使决定在高收益的平台上投资，也一定不能把自己的全部资金集中在这家平台上。有经验的理财者在P2P借贷平台理财时，十分注意利率的配置，以平衡和分散风险。一般来说，高收益投资的占比20%左右，中等收益的投资占60%左右，低息平台的投资占20%左右，这样的收益率组合算是比较合理的理财布局。

6.5 ＞ P2P借贷平台成资金避风港

目前，受经济下行压力的影响，国家持续推行宽松的货币政策，一方面有助于缓解中小企业的资金压力，有利于降低P2P借贷平台的坏账率；另一方面，随着央行"降息降准"双降政策的实施，资产理财预期收益下降，P2P借贷平台的收益在理财方面占据一定优势。随着股市"慢牛"变"疯牛"，出现大幅震荡，散户损失惨重。由于P2P借贷平台的理财者与股票投资者大批重叠，大量资金望风"大逃亡"，回流至P2P借贷平台，P2P借贷行业空前繁荣。

股市令人心惊肉跳；"宝宝类"理财产品经历一波火热浪潮之后，收益率下滑至4%以下，现已归于平静；黄金等期货市场萎靡不振，对投资者已经丧失了吸引力。P2P借贷平台继承了"宝宝类"理财产品的优势，并以较高收益率进入人们的视野，在理财市场中"一枝独秀"。从另一角度来讲，倒逼理财投资者升级固有的传统投资理财观念，重新思考自身资产的多元化、合理化配置。更多的股民将资金转移到P2P借贷平台或低收益、低风险的货币基金等理财渠道，以期通过调整金融资产配置达到资产收益最大化。

P2P借贷平台成了各路投资者和资金的安全可靠的"避风港"。

国外对理财投资的专业研究以及国内众多理财投资成功人士的理财投资实践证明：选对理财投资标的对理财投资总业绩的贡献率不到5%，而理财投资的资产配置如何却能够决定95%的理财投资收益。近期，美国

P2P网络借贷资讯网站Lending Memo发文，就美国投资者的资产组合动态调整进行了详细分析，认为不同年龄段人的防御性资产和投资性资产配置的比例不同，而P2P借贷平台上的理财产品同时拥有债券资产和股票资产两方面特质，既能保证资金安全，又能保证较高的收益率，因此建议将P2P借贷产品纳入资产配置。

我国资本市场的情况与美国虽然不同，但其理财思路和应采取的理财方法并没有本质区别，只是需要根据P2P借贷平台的产品差异，结合理财者自身的实际情况，重新进行资产配置而已。特别是随着央行等十部委《关于促进互联网金融健康发展的指导意见》的出台，不规范的P2P借贷平台将会被市场淘汰出局，而那些具有一定专业属性，尤其是细分领域成绩卓著的P2P借贷平台将会获得更大的发展空间，P2P网络借贷行业的发展前景广被看好，而且行业架构也会随着发展越来越规范，其产品纳入资产配置范畴也是趋势发展使然。

在国外，股票和债券是家庭理财最主要的两个渠道。一般来说，股票高收益、高风险，债券低收益、低风险。以美国为例，美国10年期国债的综合回报率为7.8%，足以抵御通货膨胀的侵袭。但中国债券市场的高门槛，将众多低收入群体挡在门外。鉴于国内的高通货膨胀率，许多理财者选择P2P借贷平台的理财产品作为个人资产配置也是明智之举。

"我到底应该投入多少比例的资金到P2P借贷平台理财呢？"许多理财者会不约而同地提出同一个问题。对于这类问题，因人而异，视每个人的情况而定，没有统一的标准答案，但有如下几个因素需要考虑。

◉ 6.5.1 个人（或家庭）流动资金需求

所谓个人（或家庭）流动资金需求，是指个人（或家庭）生活一段时间内所需要的流动资金。考虑未来（如一个月内）可能的流动资金需求，既包括日常花费，也包括可能的医疗、旅游及应急等其他各项支出预留。考虑一个人（或家庭）需要预留的现金，要尽量的充分、留有余地，保证需要资金时能及时满足。一般情况下，要预留平均一个月开支3倍的流动资金，如一个人（或家庭）每月的必要开销为3000元，那流动资金需要预留9000元。预留的流动资金可以不让它闲着，适合购买货币基金、银行特短期的理财或者活期存款。

● 6.5.2　考虑自我的风险承受能力

风险承受能力是指一个人有多大承担风险的能力，也就是能承受多大的投资损失而不至于影响正常生活。风险承受能力的高低很难清晰表述，要综合衡量，与个人资产状况、家庭情况、工作情况等有关系。简单地说，就是可以承受多少绝对数量的资金损失？损失占个人全部资产百分比的多少可以承受？之所以把绝对数量和风险承受能力百分比分开，是因为从心理上来说，不同人对绝对数量和风险承受能力百分比的理解是不同的。不同的财富现状、不同的财富累积路径都会有很大的区别。有些人在拥有100万资产时可以承受30%的损失，但在1000万资产的水平下，却只能承受10%的损失。

风险的承受能力与家庭状况及个人的学识、学历有很大关系。如一个家庭成员较多、经济来源单一，那么作为经济支柱的那个人所承担的家庭责任重，他所选择的理财方式一定是低风险的，因为一旦出现问题，将给整个家庭带来巨大的冲击。相反，一个单身汉，由于他负担的家庭责任较小，可能更愿意尝试高风险的理财方式，以争取更大的收益回报。另外，一个人的学历与学识水平也会影响个人风险承受能力。一般来说，掌握专业技能和拥有高学历的人，对风险的认识更清晰，风险管理能力更强，往往能从高风险的投资中获益。而对那些理财知识相对缺乏的人来说，高风险投资失败的可能性要大得多。

● 6.5.3 年龄段不同，资产配比也应不同

处于不同年龄段的人，其理财的资产配置应该不同。

如在20岁～30岁年龄段的人，有稳定的工薪收入，正值青春壮年，生活节奏快、富于进取心、风险承受能力高，哪怕存款全部赔光，也不是问题，还有大好时光来翻本，所以高风险资产配置可以适度提高；30岁～40岁年龄段的人，面临中年危机，对于夫妇双职工、没有过多家庭负担、经济状况良好的家庭来说，风险承受能力仍然很强，高风险资产配置也可以保持高比例；而对于40岁～60岁年龄段的人来说，开始考虑退休计划，以及收入保障的需要，高风险的资产配置自然要降低。

一般来说，性格偏好风险的人，配置安全性高、收益率低资产比例的"经验法则"是与每个人的年龄大致保持一致。例如年龄是30岁，那么可以安排30%左右的资金在安全性高的这一类资产中，另外70%的资金投入比较高风险、高收益的资产。之后，随年龄增长，不断提高安全性高资产的占比。

较为保守的理财者，配置安全性高、收益性低资产比例的"经验法则"则是"年龄+40"法则。把你的年龄加上40所得的和，也就是你应当用于投资安全性高的资产的比例，剔除这部分后的余额，才用于投资高风险资产。如果你现在已经50岁了，那么就应该把90%的资产进行安全理财，如果要投资，只能拿出资产总额的10%进行高风险配置。如果年龄已逾60岁，就不要再投资了。

● 6.5.4 根据实际变化进行资产配置调整

资产配置是一项动态过程，会随着理财者不可预见的因素，如财务状况和市场形势变化，而发生改变，影响预期收益的实现。理财者都需要认真审视原因，根据变化情况，适时对个人的金融资产配置进行调整。

（1）市场发生变化。如"经济下行，通胀上行"构成滞胀阶段。在滞胀阶段，现金收益率提高，持有现金最明智。经济下行对企业盈利的冲击，将对股票构成负面影响，债券相对股票的收益率提高。再如"经济下行，通胀下行"构成衰退阶段。在衰退阶段，通胀压力下降，货币政策趋松，债券表现最突出，随着经济即将见底的预期逐步形成，股票的吸引力逐步增强。目前我国经济下行压力增大，股市大幅波动，增大P2P借贷平台的资产，减持股票资产占比，避免不必要的损失，应该是一个不错的选择。

（2）个人（或家庭）的财务状况发生了变化。如果个人或家庭的财务状况得到改善，收入增加，可用于理财的资金增多，这时需要对资产配置进行必要的调整。调整的方式有两种：（1）对各项资产的理财比例不变，同比例增加各项资产的占比；（2）提高高风险资产的占比，原因是有效资产的增加会提高人们的风险承受能力，同时也能提高资产的收益。反之，如果收入减少，则各项资产同比减少或降低高风险资产的占比。

第7章 投资P2P借贷怎样"投"效益大

互联网技术的普及，颠覆了许多长期被人们视为真理的座右铭。如"勤劳致富""知识就是财富"等，人们更相信"要想富，走投资路"。P2P借贷平台的出现，让投资不再是有钱人的专利，工薪阶层、平民等低收入一族，甚至囊空如洗的人都可以在P2P借贷平台上投资。不过，光凭勤劳还不够，还需要一点知识。

7.1 ▶ P2P网络借贷投资适合哪些人

P2P网络借贷作为新兴的金融业态，其特点就是把传统银行资产端的信贷业务活动，通过互联网平台，透明、清晰地展现给广大投资者，让投资者依据自身的资金情况和风险偏好决定是否投资。既然是投资，自然就会有风险。央行等十部委《关于促进互联网金融健康发展的指导意见》的颁布，给P2P网络借贷行业整体带来好的消息，P2P借贷平台的经营越来越规范，行业风险的可控性进一步加强，行业创新更具生命力和持续性。但如果就此掉以轻心，错误地认为只要随便挑选个借款项目，把钱投进借贷平台就能赚钱，那是大错特错。

事实上，P2P借贷平台虽具有门槛低、操作简便、收益可以预期、风险可控等诸多优点，但这种投资理财方式并不适合所有人。最适合在P2P借贷平台投资理财的群体有如下几类。

◉ 7.1.1　手中可投资金数额较小且流动性需求强的人

P2P借贷平台最突出的优势是门槛低、即时到账和操作便利。但P2P借贷平台也并非完璧无暇，其致命的缺陷，即收益偏于短期，缺乏较长周期收益的投资产品，虽然有股权类投资，但在国内目前的信用环境下，很难取得投资者的认可和青睐，同时，过于频繁地选择借款项目，甄选借贷平台也耗用了投资者大量的时间。一个投资者握有大批量资金，他的第一选择可能是去投资基金或者炒股，或者选择一个收益更高、适宜大量资金周转的投资方式，因而P2P网络借贷投资仍属于"小众投资"。但P2P借贷平台特别适宜那些手里资金不多，多则几万少则几千，觉得钱闲着可惜并希望可随时取出使用的人。对这个群体的人来说，P2P借贷平台模式的投资理财最合适。

◉ 7.1.2　专业知识了解不多，但愿意更新知识的群体

P2P网络借贷模式的投资理财，其入门门槛低，所需投资理财专业知识的要求也不高，投资规则相当简单易学，从没接触过金融的中学生到刚学会电脑的大爷大妈们都能直接上网操作，真正称得上是"老少皆宜"，非常接地气。这样看来，P2P网络借贷投资似乎特别轻松、特别容易。

但如果真想要在投资中有所收获，也不是一件容易的事，需要学习相关的金融知识，增进对互联网金融的了解，掌握一定的投资理财技巧。特别是互联网金融自身更新换代速度快，短短几年内，P2P借贷平台就从撮合借贷双方的信息平台迅速演变为类金融机构，增添了之前所不具有的投资功能，也出现了很多"看不见"的风险。如果投资者对此缺乏足够的了解，不知道如何选择安全可靠的借贷平台和真实优良的借款项目，很容易吃亏上当。

113

◉ 7.1.3 能理性投资并愿意承担投资风险的群体

选择在P2P借贷平台进行投资和选用其他投资方式一样，都是一种正常的资本逐利活动，都必须规避投资风险，在投资出现风险后，要独自承担风险。任何人投资P2P借贷平台都希望取得收益，但一不留心就会"踩雷"，可能落得血本无归的下场。因此，必须做到有节制，智慧投资，躲开一些欺诈的借款项目和借贷平台，不奢望一夜暴富，不盲目相信一些P2P借贷平台的所谓"高收益零风险"承诺，不为各种天花乱坠的虚假宣传所蒙蔽，始终坚持稳健投资，小心谨慎地综合考量P2P借贷平台的安全性、借款人的借款期限、信用等级、还款意愿等，有选择、有针对性地投资。

◉ 7.1.4 P2P借贷平台最适合小额投资

相对高门槛、高起点的基金、信托、房产等投资门类来说，P2P借贷平台无疑是小额投资者最便捷的"顺风车"，小额投资者很容易在P2P借贷平台上找到诸如餐饮、服装、手工制作等投资少、回报快的项目，获得比基金或银行存款更高的投资回报。

所以，有投资需求、有富余时间的小额资金用户群体特别适合在P2P借贷平台上投资理财。尤其是以下几类群体可以在P2P借贷平台上进行小额资产理财。

（1）上班族。上班族每月发了工资后，在留足当月必备资金供生活消费的情况下，将剩余工资直接用于购买P2P借贷平台上的一些借款项目的产品，既可以有效地控制每个月的花销，又能避免成为"月光族"。

（2）家庭主妇。家庭主妇在一个家庭中居于重要地位，主管全家的财务收支，在日常生活中迫切需要为家庭做好短期或长期的财务规划。

P2P借贷平台上的借款项目具有流动性高（一般周期为1个月、3个月、6个月等）、门槛低（一般50元、100元起投，甚至还有P2P借贷平台1元起投）、收益率较高（一般收益率为10%～15%）等特点，非常适合风险偏好较低的家庭主妇，她们可以借助P2P借贷平台为家庭进行资产增值，同时能在急需用钱的时快速提现。

（3）个体工商户。大多个体工商户在平时的业务经营活动中，一般都有大量的资金闲置，同时这些人时间充裕，完全可以在P2P借贷平台上进行理财投资，既能获得资金增值，避免资金闲置，又不影响平时经营使用。

（4）有一定经济实力的中老年人。已经退休或即将退休的中老年人，工作压力不大，儿女已经成家立业，有一定的经济实力，可以在P2P借贷平台上投资理财，赚取一定收益，也可以作为日常生活消遣。

许多投资者在P2P借贷平台上投资多年，曾经有被骗的经历，并没有赚到钱。道理很简单，有时投资几十次成功的收益，也无法弥补一次投资被骗的损失。有些投资者缺乏独立思考能力，经常犯一些常识性错误，不自觉地走入误区，导致在投资中遭受损失，这些常见误区如下所示。

（1）一年以上的P2P借贷平台都安全。投资者得出这样的错误结论，是基于失联、跑路、倒闭的P2P借贷平台85%以上经营不到1年，但就此得出经营1年以上的P2P借贷平台就是安全的借贷平台的结论，也缺乏足够的证据。P2P借贷平台上的借款标本质上还是属于民间借贷，民间借贷的坏账爆发期多在6个月、12个月、18个月，经济波动期在3年～5年。选择P2P借贷平台应以平台的经营管理和风险管理控制水平高低作为重要依据。

（2）"高大上"的P2P借贷平台一定是好平台。许多投资者投资时错误地认为，号称"正规军"的有强大背景后台的P2P借贷平台是好平台，而往往忽略出身草根的P2P借贷平台。平台跑路、倒闭的风险虽然避免了，但"高大上"的借贷平台收益率普遍低于草根系的"小而精"的P2P借贷平台，投资者难以达到预期的投资收益。

（3）过于相信信用评级机构的参数和专家名人的推介。许多刚进入P2P借贷平台的投资新手，在不熟悉行业的前提下，很难判别P2P借贷平台的综合实力，看重的多是互联网上的排名和一些专家名人的推介。事实上，信用评级机构和专家名人的资讯均是按照主观设定的公式计算而来的，缺乏透明度和公正性，并不排除P2P借贷平台花钱买来的"好评"。资讯只能作为参考，在决定选择一家P2P借贷平台投资前，还应该进一步全面了解P2P借贷平台的老板、背景、模式、风险管理控制等一系列问题，而不能把名人的推介作为投资的依据。鞋子是否合脚只有自己知道，适合自己的才是最好的。

（4）收益率低的P2P借贷平台就是低风险。P2P借贷平台的安全性与收益率的高低并没有绝对的关系，收益率的高低与P2P借贷平台发布的借款标的年化利率直接有关，但有些P2P借贷平台对大额、长期借款标经过拆标处理，其借款标的收益率也很低。

因此，P2P借贷平台风险的高低与借贷平台的风险管理控制有关，但收益率越高，意味着借款人所要承担的利息越多，也就相应增加了借款人的还款压力，增大了违约风险。如果一个P2P借贷平台防范风险的工作做得不好，收益率再低也存在着巨大的风险。因此，P2P借贷平台的收益率低，不能作为认定该借贷平台一定安全的依据。

（5）过分依赖国家的监管政策和法律保护。部分投资人糊涂地认为，只要监管政策出台落地，P2P借贷平台经营自然规范，投资者的合法权益就有了很大的保障，即便出现了投资风险，也能寻求法律的保护。其实，出台后的监管政策的落实有一个相当长的过程，即使完全落实，政策是宏观，投资人和P2P借贷平台是微观，再好、再完善的宏观政策和法律条文也不能彻底解决每一位投资者的资金安全问题与P2P借贷平台的破产、倒闭和关门的问题。保护投资的资金安全与合法收益永远是靠投资者自己的行业知识与投资经验和技巧。

7.2 ➤ "信贷部经理"未必都轻松潇洒

P2P网络借贷因贴近百姓、服务低收入草根群体而迅速普及。一份调查资料显示：P2P借贷平台的投资者群体还是"草根"居多，6成投资者的年收入在10万元以下，年收入20万元以上的投资者占比只有15%。互联网金融时代，人人都是投资家，人人都是"信贷部经理"。P2P借贷平台为草根群体低收入者提供了现实可行、超低门槛、超低金额起点的通畅的投资渠道。

不过，这个"信贷部经理"并不轻松、潇洒，同样要面对"中国式困局"。P2P借贷平台要甄选借款人，投资者要挑选P2P借贷平台。

● 7.2.1　重点考查借贷平台实力

目前我国P2P借贷平台近4000家，经营模式多种多样。95%以上的P2P借贷平台引入第三方担保机构和建立风险准备金制度，承诺借款人出现违约后先行垫付资金。此种模式显然违背监管政策中"信息中介"的定位。但如果没有"刚性兑付"保证，信贷风险太大，估计愿意把钱扔给P2P借贷平台做"开发试验"的没有几个人。但对投资者来说，不管P2P借贷平台是否继续执行"先行垫付"政策，在P2P借贷平台投资，鉴别P2P借贷平台的实力仍特别重要。

（1）查验P2P借贷平台的资质。每家P2P借贷平台网站的首页上都有

"关于我们"一栏,这是投资者必看的内容,一般能够了解以下内容并加以核实。

① 公司基本证照。每一家正常经营的P2P借贷平台必须依托一个真实、合法的公司,必须拥有"一照三证",即企业法人营业执照、税务登记证、组织机构代码证和开户许可证。如何核实?查验营业执照可以登录"全国企业信用信息系统"平台,根据公司名称或注册号,选择公司注册地后,即可查询公司是否进行了依法登记注册,公司的基本信用信息、股东出资比例、注册资金及是否严重违规违法等相关信息。组织机构代码证可以到"全国组织机构代码管理中心"进行查询核实。安全起见,投资者还可以通过"最高人民法院网站"对公司股东、合作机构进行司法纠纷方面查询,如果发现基本的"三证"都不齐全或者不符,或者股东、合作机构有法律纠纷案,这样的P2P借贷平台不可信任。

② 管理团队。创始人团队是P2P借贷平台的缔造者,起着指挥控制的作用,是P2P借贷平台健康运营的大脑。投资者要特别关注其专业背景和个人品质,如果在互联网上查无此人或者与平台介绍不符,包括公开披露的照片与本人不符,甚至连平台创始人的照片也不披露,这类平台要警惕。风险管理与技术管理团队与创始人团队一样,居于P2P借贷平台的核心地位,是借贷平台运转的心脏。风控团队主要对借款人、借款项目进行审核以及贷后管理,通过审核借款人信用和借款项目质量等基础性工作,从源头上管理和控制风险。技术团队则保证系统的稳定和安全性。团队人员在金融、IT行业的经验越丰富、行业名声越好,P2P借贷平台的靠谱程度越高。

③ 合作机构。较为正规的P2P借贷平台,一般在网页上或明或隐地透露自家的出身背景,如果在互联网上经查询属实,当然会增加投资者的信任感。但有一些P2P借贷平台利用巧取"名称"的办法暗示与金融机构、某集团公司或某上市公司有"关系"(如有P2P借贷平台以"国

金""中银"之类的名字开头）。还有一些P2P借贷平台在合作机构上做手脚，无中生有地将某银行、某集团公司、某上市公司列为合作机构，以此蒙蔽投资者。识破这些伎俩的难度并不大，直接拨打所谓"合作机构"的电话询问便能查询清楚，也可以在该借贷平台的论坛里发帖询问"围观群众"，真相很容易就会查明。

（2）考查P2P借贷平台的信誉。可以通过观察P2P借贷平台发布信息的活跃度、投资人的评价、有无举报经历等，然后结合从媒体上获得的信息，查看借贷平台的曝光度，越是在传统、专业媒体（如报纸、杂志、电视、正规的财经网站、行业网站等）上曝光率高、持续时间长、形象正面的P2P借贷平台，付出的成本就越高，越能从侧面证明借贷平台在努力经营，借贷平台的安全度相对越高。

最快捷、最直接的办法是运用互联网搜索引擎办法，可以发现很多借贷平台的"真相"。如搜索某某P2P借贷平台，马上就会出现"某某P2P借贷平台可靠吗？""某某P2P借贷平台怎么样？""某某P2P借贷平台是骗子吗？"等关联搜索建议，点击这些搜索建议，多翻看几页，就会看到对该借贷平台的介绍、讨论和评论，根据这些信息可以作出基本判断。如果负面报道较多，投资者也需要理性地加以分析，判断其真伪投资。

（3）算算每人平均借多少。从本质上看，P2P借贷是个人与个人之间的借贷交易。借贷平台上借款人多，每人平均借几万、几十万元，这就是P2P借贷平台的小额、分散化原则。这个小额、分散化原则对投资者也特别适用，对每个借款人不要投资过多，尽量投资给多个借款人以分散借款风险。

考察P2P借贷平台上是否有人连续借入大笔资金非常重要，因为单笔借入资金额度越大，风险就越大，越难以控制，借款人违约后牵连到的借款人就越多。从以往出现问题的P2P借贷平台来看，其人均借款额度明显偏大，而经营稳健、安全可靠的P2P借贷平台一般人均贷款额度普遍较低。因此，如果投资人发现某一家P2P借贷平台上的借款人数不多，但借款额度过大、借款频率过高，对这样的P2P借贷平台就要格外谨慎。

◉ 7.2.2　哪些P2P借贷平台容易出问题

　　根据行业数据统计，截止到2015年5月底，全国累计已有近700家P2P借贷平台倒闭跑路。在时间点上看，10月～12月份是高发期，平台出现问题大多集中在这个时间段；从营运时间上看，问题平台多是运营0～6个月的P2P借贷平台，其中2014年运营0～6个月出问题的P2P借贷平台152家，占全年出问题平台总数的62.551%；从注册资本上看，注册资本1000万元P2P借贷平台易出现倒闭、跑路（注册资本不一定是实缴资本），一定程度上反映了平台实力。

　　P2P借贷平台之所以出现问题，均存在如下一些普遍性的问题。

　　（1）不计成本，经营混乱。继电商企业借助互联网获得巨大成功后，许多P2P借贷平台一味照搬电商互联网烧钱营销抢流量、抢客户的模式，用高收益、高补贴的方式招揽投资人加入，不惜"赔本赚吆喝"，以期获得投资人的好感和青睐。但P2P借贷平台毕竟与电商企业性质不同，不计成本的烧钱模式根本不适合P2P借贷平台的经营。投资P2P借贷平台，高风险与高收益并存，但真正熟悉P2P经营模式和盈亏规则的投资者是少数，绝大部分投资者是年轻投资者，他们并没有完整的收益与风险概念，看见借贷平台提供高利率，便纷纷涌入开户投资，一旦发现其他借贷平台提供更高的利率，马上又会撤资进入其他借贷平台。

　　平台的蝇头小利虽然短期内能增加注册用户和人气，但难以换来用户的忠诚。资金实力不强的平台，烧钱抢用户也难以维持长久经营，其工作重心应放在为用户设计好的投资产品和严格控制资金风险上，只有提供好产品、把资金风险降到最低并为客户提供优质服务，才能吸引客户长期投资，P2P借贷平台才能持续、健康发展。

（2）准备不足，仓促上线。在激烈的市场竞争中，一个P2P借贷平台存活的必备条件有资金储备、专业从业人员储备和优质项目资源等缺一不可。许多缺钱的企业主发现搭建一个P2P借贷平台投入资金不多，进入门槛也不高，既能为所属企业融资，还有钞票可赚。于是，这些企业主不做评估论证，便买来一套P2P借贷系统，临时凑几个人，一家P2P借贷平台便诞生了。随着业务经营的深入，他们才感觉缺资金、缺人才、缺项目、缺市场，业务难以为继。

（3）不懂管理，难控风险。许多P2P借贷平台由于缺乏专业技术人才，盲目扩大信贷规模，拆标错配期限，如此，一旦资金链出现断裂，借款项目出现逾期，投资者的投资无法提现，流动性风险随之爆发。事件经过互联网的迅速传播扩大，在极短时间内形成挤兑风潮，对P2P借贷平台造成致命打击。虽然一些P2P借贷平台用风险准备金救济，但多数借贷平台因逾期、坏账金额过大，无法弥补资金漏洞，就会发生倒闭、跑路等情况。

（4）道德败坏，诈骗平台。创立之人道德败坏，搭建一个P2P借贷平台空壳，以高于其他平台的收益率和优惠政策引诱投资人。投资者投资初期，这些诈骗平台会按照承诺履行约定，以便吸收更多资金。当资金规模达到其预期目标后，借贷平台便会人去楼空，从此人间蒸发。

7.3 ＞ "不熟不投"准则要遵守

P2P网络借贷虽属小众投资行为，但具备了人人可以操作、人人可以参与的普众性质，只要手中有钱，不分多少，都可以成为投资者，从互联网金融中分一杯羹；只要需要资金，不论身份高低、地位贵贱，都可以在P2P借贷平台上发布借款申请，得到认识或不认识人的资金支持。

P2P借贷平台的发展已经走过"模式萌芽""先驱试水"和"百团混战"几个历史阶段，现在正在朝"健康发展"阶段大步迈进，选择几家优质的P2P借贷平台和几个优质项目进行投资理财，可以说是正当其时。

投资的一个很重要的原则就是"不熟不投"。凡是决定要做的投资，一定要不吝惜时间和精力去认真探讨和捉摸一下投资对象，对于投资收益和所要承担的风险进行全面的分析比较和衡量，取其利、避其害，从而赚收益。

"股神"巴菲特始终坚持"不熟不投"的投资原则，自觉远离那些自己能力所无法把握的投资品种。也就是说，巴菲特从来不碰那些看上去有很高收益但自己完全不熟悉的行业或项目。巴菲特尚且如此，我们一般的业余投资者能够随便投资自己不熟悉甚至完全陌生的所谓高收益行业或项目吗？

● 7.3.1 适合自己的平台才是最好

目前国内的P2P借贷平台林林总总、良莠不齐，让人眼花缭乱。

从经营模式上看，有如下几种借贷平台可供投资者选择。

（1）纯信用贷款借贷平台。这类P2P借贷平台借款标金额较小，一般从几千元到几万元不等，因为没有办理抵押、公证及线下审核等相关费用，所以投资收益率较高，投资者在投资时要重点审核借款人的还款能力和还款意愿。

（2）专做汽车、房产抵押贷款借贷平台。这类P2P借贷平台的优势是借款人必须以个人汽车或房产等作为有效抵押物来申请借款，贷款金额从几万元到几十万元不等。因有实物作抵押，即使遇有借款人违约，形成坏账、呆账损失，平台也能通过快速变现来补偿投资者的损失，风险较小，但收益率一般较低。

（3）企业贷款借贷平台。这类P2P借贷平台借款标金额一般较大，从几百万元到几千万元不等，办理这类贷款对借贷平台的风险管理和控制水平要求很高。这类借贷平台的投资收益率高，风险也高。投资这类借款标时，投资者应着重考察平台的经营实力、管理能力和风险保障金制度等。

（4）产业链自融借贷平台。这类P2P借贷平台专做某一行业领域的多家企业贷款，虽然在公开场合P2P借贷平台言明是独立的第三方，但其领导决策层的某些人或担保公司与企业必有一定的联系，甚至一些P2P借贷平台本身就是产业链为自融资金所创建。所以，这类做产业链的P2P借贷平台必然是自融性借贷平台。因为这类P2P借贷平台的背景是实体经济，减少了中间商融资抽取的利息差，所以投资收益率较高。这类P2P借贷平台的最大风险集中在实体经济上，一旦实体经济出现行业性危机，就可能导致P2P借贷平台出现崩塌、破产。投资这类P2P借贷平台时，投资者应关注国家宏观经济政策，密切注意行业走向，经常分析行业发展前景，熟悉行业经营管理。

"没有最好，只有更好"。投资者在选择P2P借贷平台投资时，一定要充分了解P2P借贷平台的经营模式和自身的风险承受能力，加以准确判断，找到适合自身投资模式和风险承受能力的借贷平台，切记不要盲目追求高收益。

◉ 7.3.2 谨慎选择优质借款人

P2P借贷平台的业务核心是甄选优质借款人，投资者也同样迫切需要解决这一难题。要尽可能多地了解借款人情况，做到心中有数。

（1）从还款能力判断。判断借款人的还款能力，必须先要弄清楚借款人还款能力由哪些因素决定。首先，收入水平高低决定还款能力的高低；其次是收入的稳定性，收入的稳定性是由借款人的工作性质所决定；最后是借款人的负债情况，因为这决定其还款能力，如借款人的负债很高，收入再高、再稳定也会影响其还款能力。一般投资者往往忽视借款人的负债情况，误以为收入稳定的公务员或"白领族"最可靠，是优质借款人，如果结合其负债情况，答案就是"未必"了吧。

（2）从还款意愿上判断。借款人具有还款能力，并不意味着他不会失信违约，有还款能力还必须有还款意愿。主动还款意愿取决于借款人的品质和道德水平，被动还款意愿取决于借款人的违约成本。品质和道德水平的高低对还款的影响非常大。如果借款人的品质和道德水平高尚，即便还款能力不足，也会千方百计筹措资金还款。对投资者来说，对借款人品质和道德的评估和衡量特别困难，只能通过蛛丝马迹予以判别，如借款人的年龄及受教育程度、是否结婚、是否有子女、是否有不良嗜好和犯罪记录、朋友圈评价、提供的信息资料是否真实完整等。通常年龄与借款人的社会经验、工作能力成正比，与精力、健康程度成反比，直接影响借款人的还款能力和还款意愿。借款人受教育的程度越高，社会地位也会相应提高，人际关系可能更广泛，更为重视自己的信誉，会顾及自己的社会形象，还款意愿也会高一些。已婚借款人出于对家庭的责任感、家庭声誉和对子女的影响，还款意愿会更主动一些。若借款人有酗酒、赌博、包养二奶、犯罪（特别是经济犯罪记录）以及提供的信息资料造假等行为，投资者一般不要将其作为投资对象。

（3）有实物抵押的借款人。一般经营规范的P2P借贷平台的信用借款只限于小额，对较大额的贷款多采用抵押借款。借款抵押会对借款人的个人资产（如房屋、汽车等）作有效的风险评估，并经过严格的程序审核抵押人的资格证明、抵押物的所有权、抵押物的基本状况等，监督借款人办理全权委托公证以及强制执行公证。一般抵押借款的违约率较低，即便借款人出现违约，投资者也会享受风险保障。

（4）谨慎选择优质借款项目。P2P借贷行业已经进入拼优质项目的时代，谁拥有大量的优质借款项目，谁就能轻而易举地吸引投资者的眼球，获得投资者的青睐，掌握P2P借贷平台经营发展的主动权。2015年初，一家名叫"南瓜P2P"的借贷平台引起了社会各界的广泛关注。"南瓜P2P"借贷平台于2013年底成立，公司法人代表孙贵利用对借贷平台的控制权，通过大量编造借款人，编造将近100个借款项目在借贷平台上发布，吸纳了五百多名投资人，金额达七千多万元。让投资人大跌眼镜的是，"南瓜P2P"借贷平台上线后的所有借款项目中，只有两个真实项目。孙贵用假借款项目融入的资金全被用于民间借贷、资金拆借业务以及名下的其他公司资金周转。这也折射出P2P网络借贷行业优质的借款项目严重匮乏，许多知名P2P借贷平台面临着"僧多粥少"的现象。

借款项目成千上万，衡量借款项目是否优质，各人有各人的标准。从政策角度看，符合国家产业政策、能创造社会价值、扩大就业就是优质借款项目。对投资者来说，标准就是没有风险、按期还款、保证收益。

P2P借贷平台上发布的贷款项目一般都是经过平台工作人员的严格审查筛选后发布，但是不是都是优质借款项目呢？当然不是。因为借款项目来自不同的行业领域，平台工作人员不是"万能通"，如平台工作人员可能熟悉计算机行业，但对于来自农业的借款项目可能一窍不通。这就需要投资人再进行"二次选择"。如果恰巧投资人来自农村或熟悉农业生产，对借款项目的优劣就能轻而易举地作出"优劣"及收益大小、风险高低的判断。

从挑选P2P借贷平台到挑选借款人，再到挑选优质的借款项目，整个投资流程始终在挑选之中，环环相扣，稍有疏忽就会给投资带来灭顶之灾。

7.4 ▶ "空手套白狼"的黄牛党

"天下熙熙皆为利来，天下攘攘皆为利往"自古而然。但凡供应紧俏、能够哄抢的东西都充斥着"黄牛党"的身影。黄牛皮厚毛多，一年要换两次毛，所以"黄牛党"有赚毛利的意思。而近代，"黄牛"一词成为掮客、皮包公司、买空卖空等投机的代名词，尤以票贩子最为出名。

P2P借贷平台也不例外，P2P借贷行业的"黄牛党"指的是在P2P借贷平台上，通过低息借入、高息放出而赚取利息差的一类投资人。

◉ 7.4.1 什么是"净值标"

要弄清楚"黄牛党"套利赚钱的方法，先要弄清净值标的概念。净值标是P2P借贷行业借款中的一种借款标，是投资人以个人的净投资作为担保，在一定净值额度内发布的借款标。一些P2P借贷平台推出净值借款标初衷，是为一些投资人在投资P2P借贷平台后因突发情况急需要资金周转的情况而设计。将投资者未到期的本金和收益做抵押担保，投资者在P2P借贷平台上发布借款标，向其他投资者借款，用于资金周转。借款额度一般为原借款本金与收益之和的80%~90%。

由于有投资本金或收益做抵押（质押），净值标具有安全系数高、投资杠杆释放和利率较低三大特征。

⦿ 7.4.2 "黄牛党"套利赚钱的操作方法

　　发布净值标最初是为了解决投资人自身资金流动性不足的问题，"黄牛党"发现有利可图后，便用这种方法套利。"黄牛党"的动机就是赚钱，通过低息借入、高息放出，中间的利息差额减去借入资金的成本，再减去一些其他费用以及一些时间成本损失（资金闲置），得到的就是净收益，只要这个净收益为正，就实现了盈利。在目前的P2P借贷平台模式下，用借入的资金再放出牟利，由于没有动用自己的本金，只要实现了盈利，不管赚多少，都类似于"空手套白狼"，是特别划算的无本生意。同时，无本买卖赚钱容易"上瘾"。"黄牛党"借助P2P借贷平台运作周期长，期间有付出、有回报，有思考、有实践，有机遇更有挑战，最终可能成为一种乐趣和生活习惯。

　　"黄牛党"套利的过程并不复杂，见下图7-1所示。

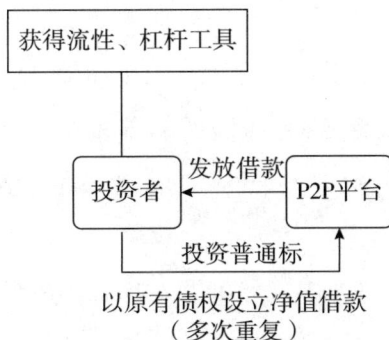

```
        获得流性、杠杆工具
               │
               │
               │
   投资者 ──发放借款── P2P平台
      │  ←           ↑
      └──投资普通标───┘

     以原有债权设立净值借款
          （多次重复）
```

图7-1　"黄牛党"转贷牟利示意图

　　运作流程：（1）选择一家100%垫付本金和利息的P2P借贷平台，开通VIP会员资格；（2）作为一个普通借款人向P2P借贷平台申请一笔信用借款，金额不能太大，否则会遭到拒绝；（3）资金到位后，选择高收益借款标立即投放出去；（4）以未到期的本金和收益作抵押，向P2P借贷平台再次申请借款。因为有抵押，借款利率会有相应优惠。资金到位后再投放出去，如此循环往复。

从本质上看，净值标更像"三角债"。普通标借款人、净值标借款人和P2P借贷平台投资者构成三方债务关系，三角债的核心是普通标，风险也来源于普通标。普通标的逾期可能引起连锁反应，导致净值标的逾期。

7.4.3 套利必须满足的条件

"黄牛党"套利过程简单，但必须满足一些充分而且必要的条件，否则就有可能落一个"偷鸡不成蚀把米"的下场，这些条件如下所示。

（1）安全原则是第一考量。不仅要选择安全性高的P2P借贷平台，而且要最大限度地保证高息借出去的资金安全收回。因为对"黄牛党"来说，钱不是自己的，而是通过P2P借贷平台借来的，所以保证投标放出去的资金安全十分重要，不能有半点闪失。

（2）要有一定的净值额度。净值额度也就是借款额度，不同的P2P借贷平台的借款门槛的高低有所不同。一般而言，比较正规的P2P借贷平台规定的借款起点为500元。就是说，只要净值额度大于500元都可以在P2P借贷平台发布净值借款标。而一些没有推出净值标的P2P借贷平台，并没有明确规定借出额度要大于借入的额度，在此情况下，只有向P2P借贷平台申请。

（3）要有足够大的息差。如果借入资金和投资标的两者之间的利息差额不够大，再剔除P2P借贷平台的服务费、账户管理费等一些杂七杂八的借款成本，收不抵支就会赔钱。当然，一些P2P借贷平台会对高信用等级的借款人实行一些优惠措施，适当降低服务费、管理费的收费标准。

7.4.4 如何做一个"黄牛党"

在我国法律中，有一条罪名是"高利转贷牟利罪"。"黄牛党"的所作所为是否构成违法犯罪呢？根据法律条款规定，高利转贷罪是指以转贷牟利为目的，套取金融机构信贷资金，再高利转贷给他人，违法所得数额较大的经济行为。这个罪名的关键是资金来源套取了金融机构的信贷资金，然后转贷给他人，且获利数额比较大。也就是说，拿银行贷款出借赚取利息差，达到一定数额构成犯罪。而"黄牛党"的转贷牟利是通过P2P借贷平台借投资人的资金，资金来源上属于民间借贷范畴，不属于金融机构，而且一般金额都不大。实际上，"黄牛党"转贷牟利与商品买卖一样，并没有本质区别，只不过是一种特殊商品（货币）的买卖。所以，"黄牛党"转贷牟利并不违法。同时，"黄牛党"的存在利大于弊。"黄牛党"发放的净值标安全性相对较高，能为P2P借贷平台带来活跃度，提高交易额、人气和管理费收入，同时又能满足时间并不充裕的投资者在抢不到普通标情况下仍能进行投资。因此，许多P2P借贷平台对"黄牛党"持欢迎态度。

既然不违法，P2P借贷平台还欢迎，又不需要多少本金，熟悉P2P借贷行业知识的人都能成为P2P借贷平台的"黄牛党"，从P2P借贷平台分一杯羹。

（1）认真算好成本账。计算净值额度比较容易，就是用自己的投资本金与收益合计额乘以P2P借贷平台规定的净值比率（80%或90%）。如某投资者以10000元本金投了年利率25%的普通标，假定P2P借贷平台净值比率为90%，就可以发布年利率为15%（根据市场行情确定）、金额为9000元的净值标借款，再将借来的9000元投普通标，获得8100元净值额，如此循环。则最终的收益是10000元本金25%的年利息，加上这10000元杠杆所能撬动的资金（约90000元）产生的10%利差。

计算借款成本较为复杂，但一般P2P借贷平台的工具箱里都有借款成本计算器，利率参照目前发标者的利率水平设置。假设申请借款500元，借款利率为10%，借款期限为1个月，不能满标时再加码利率，继续发标。借款成本分别为借款手续费2.5元，待付利息4.17元，合计支出成本6.67元，待偿还本息合计504.17元，借款得到资金497.25元。这497.25元就是可以高息借出的本金。只要497.25元在未来1个月内的收益高于6.67元，就有利可图。再计算盈亏平衡需要的月收益率为6.67/497.25=1.342%。假设借贷平台收取10%的管理费。月收益率必须折算为1.342%/90%=1.5%，折合成年利率为18%。就是说，只要在当日成功以18%的利率借出，就能实现不赔不赚；在借款当日以高于18%的利率借出497.25元，就能实现盈利。

（2）关注P2P借贷平台的可投标利率。看有没有高于18%利率的标的，在投资的实际操作中，许多P2P借贷平台有自动投标的设置，只要设置好自动投标的条件，计算好投标利率的底线，一有符合设置的条件，就会自动投标。

（3）选择净值借款。根据步骤发布一个1月期的年利率10%的无奖励、无担保的净值标借款，而借款的详细说明可以根据实际填写。净值借款标满标通过复审后，借款成功，期间就可以设置自动投标条件，设定投标最低利率21%，最高利率27%，可用余额全部投标，必须为快借标或担保标，同时，设置当可投金额小于450元时不投标。当有符合条件的借款标出现时，P2P借贷平台会自动投标。借出成功后，一个低息借入、高息借出的转贷牟利过程基本完成，这是一个周期的结束，同时又是另一个周期的开始。

（4）对于贷款的到期情况要做到心中有数。可以在桌面设置还款日期和金额的便签，每天都要密切注意什么时候还款、还多少钱，精心做好准备。对于还款的资金来源，不外乎是收回的投资资金、继续发标借款得到资金周转或是充值打入的资金。不管是什么还款来源，都要有足够的还款资金。为防止逾期还款发生，至少应该提前一天准备还款资金，同时关闭自动投票的设置，防止还款资金自动投标出去，影响正常还款。

在实际运作中，还需要注意几个问题：（1）高息标的选择；（2）投标滞后与高息标利率的选择；（3）投标方式的选择。对于高息标的选择，基本原则是首选快借，其次是担保，最后是信用标。对于投标滞后与高息标利率的选择，可进行简单计算，权衡一下是选择既定利率的标的，还是期待未来有更高利率的借款标。

"黄牛党"人人都能做，但并不是人人都能做好"黄牛党"。"黄牛党"不仅要有足够的时间和精力去了解和熟悉P2P借贷平台的经营状况和业务运作流程，还要认真把握借贷资金的运行周期和规律，否则，很难从P2P借贷平台赚到钱。

第8章 如何在P2P借贷平台"融"到钱

在高度的"金融抑制"下，社会资金形成奇特的怪圈。一边是许多人手里的闲置资金困于投资渠道狭窄，只能存入银行获取低于通货膨胀率的极低收益；另一边是中小企业、低收入群体被传统金融挡在门外，融资难。P2P借贷平台解决了资金的"可获取性"，但高企的借贷成本又让借款人苦不堪言。P2P借贷平台的出路在哪里？

8.1 ▶ "你发展我护航，你困难我帮忙"

"你发展我护航，你困难我帮忙"。这是国内某家P2P借贷平台在网站首页上打出的广告宣传语，听起来温馨、亲切、温暖人心。

的确，P2P网络借贷发展势头一浪高过一浪，其发展速度之快、市场潜力之巨大超出所有人的想象。放眼当下，P2P网络借贷呈现出百花齐放的繁荣景象，虽然跑路频现、质疑不断，但瑕不掩瑜，其成就有目共睹。目前，国内P2P借贷行业的市场规模是美国的6倍，而同期收益率更是达到美国同类借贷的近10倍。

◉ 8.1.1 P2P借贷影响范围广、程度深

P2P网络借贷经过7年多的探索发展和近年来的野蛮式增长，已经初具规模，多种模式竞相发展，中国的P2P借贷市场已经成为全球最大的

P2P借贷市场。据最新统计数据显示，2015年1月～7月，全国P2P借贷市场成交额4207.9亿元，较2014年同期增加2878.53亿元，增长216.53%；日均成交额19.85亿元，日均参与人数16.52万，较2014年同期增加11.33万人，增长218.3%；平均借款期限6.11个月，较2014年延长了0.93个月；平均借款利率13.36%，较2014年降低6.01%。在整体规模扩张的同时，单个P2P借贷平台的成交量也在大幅增加，其中成交额超过1亿元的P2P借贷平台373家，成交额10亿元以上的P2P借贷平台76家。不论从内容上还是形式上来看，P2P网络借贷已经不再是单纯的民间借贷的互联网化，国有商业银行、上市公司、电商、媒体也开始涉足其中，各个行业都在跨界进入P2P网络借贷行业发展，其影响范围之广、程度之深，前所未有。

◉ 8.1.2　直接融资模式受追捧

长期以来，中小企业规模小、发展慢、抵御风险能力差，其中资金短缺是中小企业发展最大的瓶颈。这些企业在急需资金时，只有依赖银行，经过繁复的手续、漫长的等待，最终还是"泥牛入海"，即便拿到资金，也错失了资金使用的最佳时机。所以这些企业在急需资金时，不得不转向民间借贷。而在另一面，众多低收入群体更是被银行边缘化。这些人手中仅有不多的资金，投资渠道狭窄，而炒股技术要求高且风险大，理财产品门槛高，他们获得最好的金融服务是去排队存取款。

P2P借贷出现后，以直接融资模式，解决了民间资金流动困难的难题，提高了民间资金的流通和利用效率，减少了中间环节，为有借贷需求的企业和个人提供了一条便捷的通道。P2P借贷平台的创新性、灵活性、高收益性为资金供需双方提供需求信息，一方面为低收入草根民众带来资金保值、增值的广阔平台，让他们手中有限的资金免受通货膨胀的侵蚀；另一方面满足了中小企业和个人的生产、生活需求，借贷双方真正实现"双赢"。

◉ 8.1.3 借款人的"福音"

传统商业银行的信贷管理中有一条不成文的规定，特别重视借款人的第二还款来源，即企业背景实力是否雄厚和企业的抵押物是否充足。企业背景也就是借款企业是否属于国有，如果是国有企业，即便没有抵押物也能通过审核。道理很简单，商业银行与借款企业同属国有，钱放在左口袋里与放在右口袋里没有多大差别，放款形成坏账，经办人和审批人员没有多大责任。如果没有国有背景，则必须有充足的抵押物。同时，出于人力成本的考虑，传统商业银行特别喜欢做大笔交易。所以，商业银行的信贷资金基本上主要集中在国企、央企以及那些拥有很多房产、土地等资源的企业上。这等于直接把众多的中小企业和低收入草根群体排除在银行大门之外。

而P2P借贷平台则不同。P2P借贷平台上的"信贷决策权"自主地掌握在投资人手中，投资人根据自己的资金实力和风险承担能力，在对借款人的还款能力以及还款意愿进行判断后做出选择。中小企业和草根创业者"融资难"的问题由此得到缓解。P2P借贷平台填补了传统金融机构不愿意、也无法覆盖的空白市场，起到了有效的补充作用，帮助很多借款人实现了短期资金周转，度过了资金难关。

◉ 8.1.4 P2P借款与银行贷款的优势

无论是企业还是家庭（个人）都会出现资金短缺，因此，借款是一种正常的经济行为。P2P借贷与银行贷款相比，具有如下优势。

（1）资金量大。如果借款人向银行申请贷款，需要经过许多道审批程序和负责人签字以及抵押物验证、评估、定值等程序，且不说流程繁琐、程序众多，即便通过各种关卡贷款获得批准，其到手的金额比申请的金额也会有所减少。P2P借贷平台情况则大不一样。由于P2P借贷平台给予出资人（投资者）的收益率较高，很多有闲散资金的人都愿意把资金投放给借款人以获取高收益的回报。P2P借贷平台的融资能力大得惊人，甚至国内一些著名P2P借贷平台出现资金"站岗"现象。因此，一旦借款人的申请获得借贷平台的审查通过，其资金需求基本上能得到满足，不会有半点折扣。

（2）手续简便。与银行苛刻的贷款申请条件、繁复的材料准备以及冗长的审批程序相比，P2P借贷平台借款的操作程序要简便许多。借款人既不需要报送繁杂的审批材料，也不需要在交通工具上浪费时间，足不出户便可在电脑上通过互联网将必要的身份、工作和收入证明传送至P2P借贷平台，基本完成借款申请工作。如果是小额借款，一般情况下无需提供抵押手续，其他信息的处理和风险评估均通过互联网进行，最大限度地节约了时间和精力。

（3）形式更为灵活。银行贷款限定出账科目、限定使用期限，形式非常单一。P2P借贷平台的形式则更加自由、灵活，借款金额、使用期限、还款方式都可以根据自己的资金需要和使用特点自主决定。只要能获得P2P借贷平台和投资者的普遍认可，借款人就能获得资金支持。

◉ 8.1.5 借贷平台借款人的特点

P2P借贷平台是一座桥梁，把出资人（投资人）与借款人（贷款人）紧紧联结在一起。若没有大量的资金需求者（借款人），P2P借贷平台也就没有了存在的价值。现阶段，P2P借贷平台的主要借款对象是个人和企业用户。这些个人和企业用户，有一定的经济基础，愿意承担一定的利息支出和费用，有还款能力和还款意愿，但是从银行、小贷公司不能高效、足额地获得借款。

个人和企业用户从P2P借贷平台借款的用途有所不同。个人用户借款的主要用途包括创业资金，购置生活大件用品，如房、车或用于结婚等；企业用户借款的主要用途是短期流动周转、原材料储备或投资。企业用户借款是P2P借贷平台的主要业务。那么，企业用户借款和资金使用上有哪些特点呢？

（1）借款人大多是非上市的民营企业或私营合伙企业（包括各种有限责任公司、个体工商户和草根创业群体），也就是通常说的中小企业或小微企业。央企、国企和上市公司基本上能得到政府的保护和银行的大力支持，有稳定、充裕的低成本资金来源，不担心企业资金的使用，这些企业根本不用到P2P借贷平台上来融资。被银行边缘化的是大量中小企业。

（2）资金使用期限一般在4个月左右。从销售业的资金运转周期看，从得到一笔订单，投入资金购进原材料，到完全交付（销售），收回货款，资金完成一次周转，一般需要4个月左右，制造业还要长一些。如果资金用于设备技术改造，则资金运转周期更长。现在，P2P借贷平台上的天标、月度标布满网页，基本上是P2P借贷平台为迎合投资者偏好，把大量长期标拆成短期标，以增加P2P借贷平台资金的灵活性、流动性和平台人气。

（3）借款人对借款利率特别敏感。借款人的借款目的是维系企业再生产，目标是创造企业利润。但企业的利润空间极其有限，如果资金借款利率过高，直接导致企业的生产成本增加，会剥去企业的一部分经营利润，可能会导致企业出现经营性亏损。因此，所有企业借款人对利率特别敏感。甚至有少数借款人把从P2P借贷平台借来的借款当作企业生存的"续命稻草"，毕竟利率所占比例不大。

P2P网络借贷行业近年来处于迅速发展中，中小企业通过P2P借贷平台获得了大量生产资金，从而解决了生产过程中出现的资金难题。可以说，广大中小企业和无数创业者是P2P借贷平台迅速崛起的最大受益者。

8.2 > 申请借款之前请三思

"三思而行"是我们生活中常说的一句话，主要劝人做事不要鲁莽，要慎重考虑，然后再行动，则成功的可能性大一些，碰壁的可能性小一些。向P2P借贷平台申请借款更应该"三思而行"。虽然没有像向朋友借款被拒绝时的尴尬，但毕竟牵涉P2P借贷平台、投资人和自己三方的利益，所以要慎重对待。

◉ 8.2.1　只有贷款，没有其他办法吗

当下许多人，尤其是年轻人，每每遇到经济困难，第一个想到的就是贷款。到了银行嫌借贷手续太麻烦、等待时间长，又匆匆忙忙上互联网找P2P借贷平台，还是想办法贷款。虽然这种做法并没有错，但在决定贷款之前，不妨再想想有没有其他更好的融资办法，或许并非只有贷款一条路可走。贷款不仅使用有时间限制，到期后还要附带上利息归还。

当然，如果其他办法都想了，实在没路可走，也只有贷款了。

◉ 8.2.2　扪心自问：自己能做到诚实守信吗

诚实守信是一切价值的根基，"国无诚信不兴，家无诚信不荣，人无诚信不立"，可见诚实守信是一个人最大的财富，也是人生的命脉和

尊严。诚信虽没有标价，但却可以让人提升价值，做得不好也会让人贬值；诚信没有重量，但可以让人有泰山之重，也能让人如鸿毛之轻。一个人为人诚实、言而有信，能赢得别人的尊重和信任，在社会上自由行走，事业得以成功，自身的道德水平自然提升；如果一个人不诚实、不守信，或许能欺骗人一时，但不能欺骗人一世，一旦"恶名"传开，既伤害别人，也伤害自己，会失去朋友，如行尸走肉，难以在社会上立足。

诚信不仅是一种品行，更是一种责任；诚信不仅是一种道义，更是一种准则。讲诚信，意味着要勇敢承担责任。当一个人决定向P2P借贷平台申请借款，轻轻点击鼠标的那一刻起，意味着自己已经承担了这份责任。

（1）借款人需要对P2P借贷平台承担责任。当借款申请发送后，意味着自己即将成为借款人，必须遵守P2P借贷平台的相关规定，如实提交资料。

（2）拥有感恩之心，善待投资者。人生的路很漫长，坎坎坷坷中需要得到他人的帮助。当你向P2P借贷平台递交借款申请后，实质上表明你在困难时向素昧平生的人伸出了求助之手。即将成为你的投资者的人，借给你的不仅仅是钱，更是一份关怀和信任。如果投资者没有投资，你需要正确理解，别人辛苦挣来的钱不容易，需要慎重选择投资对象，可能是你提供的资料不够详细或做的不够好，仍需要加倍努力。不管怎样，借款人都要善待投资者，不要让他们炙热的心变得冰凉。

（3）对自己负责。一次借款，对每个人来说都是一次机会，要珍惜这次机会，别让这次机会成为人生的遗憾。借款人不能光要求投资者为你投资，还要管好自己，更得有对投资者负责的决心。对投资者负责，就是对社会负责，也是对自己负责。获得投资者资金后，借款人要管好、用好这笔珍贵资金，要有即便"倾家荡产"也要归还投资者本息的思想准备。

◉ 8.2.3　找到适合自己的借贷模式

一些借款人通过互联网搜索引擎找到一家P2P借贷平台，与客服人员简单交流几句，得知平台能为自己提供借款就欣喜若狂，从不进行多家对比。这种做法并不可取。因为P2P借贷平台多不胜数，其借款方式、经营模式以及投资者来源各有不同，利率、借款期限也有很大不同，仅在借款标上，就有信用标、抵押标之分。"货比三家"，可以多一些选择。

如果申请小额借款，最佳的借款方式无疑是信用借款。信用借款是一种根据个人或企业信誉发放的借款，不用借款人提供抵押物作为担保。由于不需要抵押，免去了抵押权证登记、评估等繁琐手续，放款速度快。但信用借款因为不用抵押，所以对个人（或企业）的信誉要求极高，一般要求提供个人（或企业）征信报告等相关资料。只有征信报告有借款记录，并且没有发现逾期还款的记录情况，才算得上是信用"良好"。如果没有信用记录，或者有逾期还款的记录，则不视为信用"良好"，这对申请信用借款有一定的难度。同时，个人借款人还需要提供稳定的工作、工资收入和固定住所的证明。如果是企业借款户，则要提供经审计过的公司财务报表，证明企业具备足够的还款能力。

如果申请大额借款，则只有申请抵押借款。对于企业借款用户，必须寻找专做企业借款的P2P借贷平台，因为这些平台熟悉企业借款审批流程，审批较快。

◉ 8.2.4　借款额度是不是越高越好

大多数借款人认为"借款额度越高越好"，钱到了手里可以"宽打窄用"，但事实上并非如此。首先，借款越多，需要支付的借款本金和利息越多，还款压力越大。对于收入不多、还款能力较弱的人来说，很难实现"按时、如期、足额还款"的借款承诺，进而留下不良信用记录。其次，借款人手中有多余的资金，容易产生胡乱花钱的现象。因此，借款人申请借款时，应精打细算。根据许多借款人的经验，每月的还款金额比较合理的额度，是每月收入额的50%左右。借款人不要一味地追求高额度借款，应根据自己的资金实际需要和还款能力，确定合理的借款额度，不能因为过度借款而影响了正常的生活。

● 8.2.5 还款方式哪种更好

目前，P2P借贷平台的还款方式有以下三种。

（1）一次性到期还款。一次性还本付息法，又称到期一次性还本付息法，指借款人在贷款期内不是按月偿还本息，而是贷款到期后一次性归还本金和利息。一般这种还款方式在短期借贷中比较多见，特别是借款周期为1个月时，多采用这种还款方式，在中、长期借款中一般很少使用。

（2）按月付息、到期还本。这种方式又称先息后本方式。所谓先息后本，即从完成借贷交易之后开始，每月将借款利息付给投资者，借款到期后，借款人一次性归还全部借款本金。这种还款方式的借款周期一般在45天以上。这种还款方式相对来说要复杂一点，但总体上看还是属于比较简单易懂的还款方式。

（3）等额本息或等额本金还款方式。等额本息还款法，即借款人每月按相等的金额偿还贷款本息，其中每月的贷款利息按月初剩余贷款本金计算并逐月结清。等额本金还款则是本金按分期的次数平均到每个月归还。一般，P2P借贷平台多采用等额本息的还款方式。等额本息还款方式的最大特点在于借款人每月的还款金额相等。由于每月的还款金额相等，所以在贷款初期每月的还款中，剔除按月结清的利息后，所还的贷款本金就较少；而在贷款后期，因贷款本金不断减少，借款人每月的还款金额中贷款利息不断减少，每月所还的贷款本金就较多。等额本息还款方式适用于中、长期借款。

对于这三种还款方式，一般P2P借贷平台根据借款周期加以确定，对于1个月以内的借款，多采用一次性还本付息；对于借款周期在45天以内的借款，多采用先息后本还款方式；而对于中、长期借款，多采用等额本息或等额本金还款方式。

等额本息与等额本金两种还款方式各具优势。等额本息还款方式每月的还款金额相同，便于借款人记忆，而且还款压力不大，适合收入稳定的借款人采用；等额本金还款方式前期的还款压力较大，不过能为借款人节省许多贷款成本，适合收入能力较强的借款人采用。

◉ 8.2.6　能否承受巨大的还款压力

国人一向厌恶债务，从古到今一直信奉"无债一身轻"。在大多数人眼里，"负债"绝对是贬义词，是现实生活道路上的沉重负担，欠钱总与贫穷、疾病、游手好闲有直接关联。的确，债务危机会让人心力交瘁，失去很多不该失去的东西，直接导致以后的生活质量降低。申请P2P借贷平台的贷款后，每月都有一笔固定的欠款需要偿还，现金流变得紧张，能否承受巨大的还款压力？是每一个借款人必须面对的事实。与"房贷"不同，若房贷压力过大，还可以通过与金融机构协商，申请变更还款方式，延长还款年限以减少每月的还款金额，减轻还款压力，但P2P借贷平台的《借款合同》一旦签订，雷打不动，每月必须足额按期还款，压力再大，也没有任何协商变更的余地，否则将面临失信违约、上"黑名单"的风险。

◉ 8.2.7　提前安排资金，做好还款准备

既然决定从P2P借贷平台筹借资金，就会承担一定的贷款金额，在贷款归还期内，必须对资金的使用有一个大概的规划和安排。

（1）稳定收入，开源节流。在贷款还款期内，要尽量保持收入以及职业的稳定性。因为有贷款要还，现金流必然不足，当务之急是借款人必须保持现金收入稳定，考虑做一些兼职工作增加收入，同时要削减一些不必要的开支。

（2）强制自己做好财务规划，削减不必要的开支。对于每个月的收入，借款人要做好认真的规划和安排，一方面，在保证日常必需生活品的开销外，强制腾出资金用于归还贷款；另一方面，尽量缩减不必要的开支，对于需要购买的物品，要分清轻重缓急，不是特别着急购买的物品待还清贷款以后再去购买。

（3）申请办理一张贷记信用卡。申请办理贷记信用卡时，要注意尽量不要把信用卡还款账单日定在月底或月初，同时尽可能申请到一定的信用额度，以备将来突然出现不可预测因素，可以在当月还款有困难时应急使用。

8.3 ＞ 借款流程及注意要点

P2P借贷平台申请借款的申请手续较银行、信用社要简单得多，坐在家里通过电脑或手机基本上就能完成借贷交易。申请借款的业务流程如下图8-1所示。

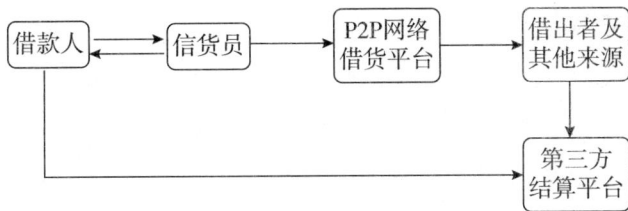

图8-1 借款人申请贷款流程图

基于P2P借贷平台的运作流程，可能会衍生出如下一些需要解决的问题。

（1）借款人在P2P借贷平台实名注册、申请贷款时，必须提供相应的身份证明文件以及联系方式（身份证影印件、固定住址及通讯联系方式），提供详尽的个人财务状况说明（工薪收入证明、银行流水账等），贷款申请须详细写清借款用途、借款使用期限、还款资金来源和方式以及抵押物状况。

（2）P2P借贷平台的信贷业务人员对借款人提供的相关资料和借款申请进行必要的初审，通过后将借款人信息传到后台管理中心，集中进行技术性处理。P2P借贷平台对借款人进行信用综合评分，评分结果达到要求，符合贷款条件，则准备将借款人的信息公布。如果借款人申请的是大额借款，还必须提供相应的借款抵押，信贷业务人员通过一定方式了解抵押物的现状。

（3）审核通过后，P2P借贷平台将借款人的信息列表在平台上发布，依据借款的申请并结合借款人的信用评分，与借款人约定贷款金额、贷款利率、资金筹借期限、还款期限、还款方式等，然后在平台上发出贷款邀请。

（4）出资人（投资者）根据P2P借贷平台发布的借款人的借款信息，结合自身的风险承受能力以及财务能力决定全额或部分投标，同时为自己的账户充值。

（5）借款标满标后，即判定借款人与P2P借贷平台签订合约，P2P借贷平台自动生成电子借条、贷款本金及利息单，通过第三方结算平台进行结算。借贷双方交易成功，借款人从第三方平台账户中取出资金使用。

（6）借款人根据借款合同的规定，按月归还到期贷款本息，逐月将应还贷款本息划拨至P2P借贷平台指定的账户，直至贷款本息全部还清。

P2P网贷平台主要是为借贷双方提供信息交互流通、信息价值认定和促成交易的服务，并不是资金的债权方，借给借款人资金的是投资者，因此，获得投资者的认可并使其乐意掏钱才是问题的关键。所以，在向P2P借贷平台申请借款时，还需要了解一些P2P借贷知识，掌握一些申请借款的技巧。

◉ 8.3.1　找可靠的P2P借贷平台

或许有人认为：我是找人贷款，又不是拿钱去投资，只要能借到款，找哪家P2P借贷平台还不是一样？这种想法太幼稚了。找到可靠的P2P借贷平台，借款人能顺利借到钱，不然一切都是白忙活。如果不巧遇到的是一家"自融"的借贷平台，一切业务看似正常，接受借款申请和资料有模有样，到头来借款人借不到款，不仅浪费大量时间，而且影响借款人的资金使用。所以，找到一家可靠的P2P借贷平台，是在最短时间内顺利借到钱的关键。一个优质、可靠的P2P借贷平台，其管理团队优秀、风险控制严密、信息透明度高、有强烈的社会责任感、能为投资者和借款人着想，P2P借贷平台的工作人员借贷经验丰富、认真负责，有助于借款人顺利借到钱。

◉ 8.3.2　制定合理的借款方案

并不是所有向P2P借贷平台提出的借款都会成功，因为任何事情都会有意外出现。也许借款人觉得自己的借款条件相当优越，只要提出借款申请，P2P借贷平台就会毫无疑问地把借款信息公布在平台上，投资者看见自己的借款信息后，会毫不犹豫地把钱掷过来。这种持"一厢情愿"想法的借款人不在少数，可能的结果往往是P2P借贷平台就是不买借款人的账，把借款人的借款申请卡在后台不让"登台"；即便是P2P借贷平台勉强"放行"，投资人也往往会装作没看见，就是不"埋单"，让借款人的借款标"流标"。

因此，在向P2P借贷平台递交借款申请之前，需要制定一个切合实际的借贷方案。方案没有格式和内容的要求，但有几个关键点需要把握。首先，确定这家P2P借贷平台的主营业务是否涵盖自己申请贷款的范围，如申请小额贷款却向一家专做企业贷款的P2P借贷平台递交了申请，可能会因为金额太小，引不起P2P借贷平台和投资者的重视；其次，自己申请的借贷数额与自己的收入水平和还贷能力必须要相适应，如果申请借款的金额不切合实际，借款数额明显高于自己的资金承受能力和还贷能力，投资者可能不放心把钱借给借款人。

◉ 8.3.3 自身需要具备一定的资质

所谓资质，就是能够证明单位或个人身份、能力、素质、水平等方面情况的法定凭证，如身份证、工作证、各种证书、文凭等。资质优良的借款人不仅能得到P2P借贷平台的"宠爱"，如愿获得贷款，甚至还有可能享受利率优惠。资质优良的借款人一般包括如下条件。

（1）工作单位和学历证明是借款人借到贷款的敲门砖。效益高、规模大、实力强的工作单位和国内著名高校毕业的学历是P2P借贷平台首要考量的因素，因为稳定的工作单位和正规学校的高学历与高收入成正比，是日后归还贷款的重要保证。对于政府部门、行政管理、金融、航空运输、律师、会计师、教师等职业的借款人，P2P借贷平台审批贷款的条件十分宽松，借款人很容易获得贷款。

（2）借款人的收入证明和收入流水账必不可少。借款人的收入证明由借款人所在工作单位出具并加盖单位公章。个人收入是衡量贷款能否到期归还的关键。借款人如果持有稳定的国库券、股票、基金或在其他投资理财渠道存在稳定收益，也可出具相关证明说明自己的还款能力，增加P2P借贷平台的认可度。

（3）个人征信无不良逾期记录。个人征信"良好"，说明借款人是一个诚实守信的人，日后会根据约定按期足额还款。正因如此，个人征信对于借款人在P2P借贷平台申请贷款时有很关键的作用。征信良好者很容易获得贷款。而若在房屋贷款、汽车贷款、助学贷款等还款过程中上过征信系统的黑名单，信用卡还款上有不良逾期记录，则会给借款人的借款带来很大困难。个人征信报告可以到当地人民银行申请打印。对于个人征信存在不良记录的借款人，P2P借贷平台一般会对借款人提高贷款首次归还金额或提高贷款利率，甚至拒绝对个人征信欠佳、逾期贷款次数多、情节严重的借款人贷款。

◉ 8.3.4　必备的申报材料

在P2P借贷平台申请贷款与在银行贷款相比十分便利，最方便之处是足不出户就可以通过互联网向P2P借贷平台提交资料，而不用像去银行申请借款那样，需要抱着一份份原件、复印件，一趟又一趟地去银行信贷部门办理申请。虽然向P2P借贷平台申请贷款的手续没有银行繁琐，但必备的申请借款资料一样需要。这些资料主要包括个人身份证明及联系方式（身份证、户口本、住所证明、通讯联系方式等）、个人资质证明（毕业证、学位证书、技能证书等）、个人偿还能力信息（工资收入证明、工资收入流水明细账）以及个人征信资料（个人征信报告、房贷、车贷、信用卡还款记录等）。有些P2P借贷平台还会要求借款人提供社会关系方面的资料（包括结婚证，直系亲属、同事、朋友等至少3名以上联络人及其通讯联系方式）等。由于不同的P2P借贷平台对借款人的资料要求不一样，借款人要在与P2P借贷平台工作人员沟通并详细了解贷款申请的具体要求后，认真准备核实资料，再进行提交，以免由于资料准备不充分而遭到拒绝。

企业用户向P2P借贷平台申请贷款，其程序和要求的材料与个人借款用户基本相同。由于企业用户申请的金额较大，一旦企业用户形成逾期、坏账，涉及的投资人更多、影响面更广。因此，P2P借贷平台对企业用户的申请借款，审查更仔细、更严格，要求的申报资料更多，并要派工作人员到企业实地考察借款企业的经营状况和财务状况，确认借款企业是否具有足够的还款能力，并要求办理资产抵押手续，采取多种控制措施来降低风险。

与个人借款用户不同的是，企业贷款用户申报的资料主要包括：（1）企业经营规模、财务状况分析及趋势预测；（2）产品情况、市场情况、企业同行业所处水平分析；（3）申请借款计划；（4）企业法人营业执照、企业法人资格、企业组织机构代码证书、税务登记证、银行开户许可证；（5）企业近三年财务报告；（6）企业贷款卡；（7）企业内部融资状况；（8）公司章程、董事会名单、法人授权书；（9）企业资产等基础信息资料的原件或复印件。

8.4 ▶ 企业或个人必须做好"信用积累"

"信用"是一种关系。基于彼此信任而建立的关系，即信用关系。

信用关系形成的机制包括：（1）声誉产生信任，根据对他人的行为和声誉的了解而决定是否给予信任；（2）由于文化背景、价值观念等趋同产生信任，并能相互理解、达成共识；（3）通过各项规章制度、专业资格、社会中介机构的公信力及规范给予的信任。三种机制共同作用，产生了信用关系。这是社会共同价值观的最佳选择，是促进社会资金再分配的最有效手段。借助信用，可以把社会闲置和分散的资金有效地集聚起来，转化为借贷资本，让资金充分流动起来，发挥最大效用，并最大限度地节约流通费用。

长期以来，个体用户和中小企业普遍存在"融资难"问题。难就难在社会征信体系建设不完善，没有社会信用奖惩机制。个体用户普遍缺乏现代市场经济条件下的信用意识和道德规范；企业缺失最基础的信用管理制度和信用文化建设。在社会信用建设严重不足的大环境下，重诺守信不"香"、背信弃义不"臭"，社会缺乏诚实守信的约束力。

信用意识和信用文化建设上的缺陷，直接制约了个人和企业信用水平的提升，增加了信用双方的道德风险系数，提高了信用机会成本，恶化了社会信用环境，形成了人与人之间互不信任的状况，也给P2P借贷平台、出资人（投资人）、借款人（贷款方）增加了合作难度。随着互联网技术的普及和市场经济的发展，央行从2015年开始，陆续出台多项征信标准和规范，通过全面征信，助推普惠金融的发展，我国从此步入信用时代。央行的大征信系统，既包括企业、个人的正面信息，也包括负面信息；不局限于金融机构，也覆盖社保、环保、交通等公共事业的各个领域；小到手机欠费、预订酒店不入住、公交地铁逃票，大到拖欠金融机构、P2P借贷平台的贷款，都要被列入征信系统，进入名单。"说话算数，欠债还钱"的信用概念，将与个人或企业的"命运"捆绑在一起，终生相随，信用记录将成为个人或企业的"通行证"，而且是全国联网"一证通"。

诚实守信路路畅通，见利忘义寸步难行。一个企业的信用记录一旦有了污点，从贷款到销售产品就会处处碰壁；而一个人的信用记录有了瑕疵，从办信用卡到求职，会时时受到掣肘。社会有了"一时失信，终生受制"的机制，谁还敢拿信用作儿戏？信用已经成为无形的财富，即人们说的"信用资本"，需要不断积累。

在现实生活中，经常听见金融机构和P2P借贷平台的工作人员抱怨国内征信体系建设不健全、不完善，中小企业家和个体工商户"融资难、贷款难"的埋怨之声也不绝于耳。但人们却忽略了一个重要现象，那就是没有几家企业检讨自身的"信用"积累不足，很多企业、很多人甚至缺乏诚信意识，更不懂"信用文化和制度"建设。那些曾为蝇头小利而置"诚信"不顾的企业或个人，更不会为其面临"融资难、贷款难"的困境而自省。资金资本需要积累，个人或企业的信用资本更需要积累。现以企业信用积累说明如何成为诚信的企业或个人。

◉ 8.4.1　建设企业诚信文化，夯实品格基础

任何企业良好的"信用记录"，不可能是从天上掉下来的，所以各个企业，包括每一家P2P借贷平台，都应该主动参与征信体系建设，依托人民银行或民间征信机构的征信系统，积极建立属于自己的"信用档案"。信用档案是企业的经济身份证，是企业开展经济活动的另一张"名片"。企业信用档案全面、客观地记录中小企业的基本信用信息和经营管理活动，是反映企业信用状况的书面文件。信用档案中对历史信用活动的记录是弥足珍贵的无形财富。金融机构或P2P借贷平台以及相关企业均可以通过企业信用档案，准确、详细地了解企业的历史信用状况，从而为融资和其他经济交易活动提供资信证明。信用档案作为企业信誉的抵押品，可以减轻企业在融资中的实物抵押和担保的压力，

提高企业"重信用、守合同"的说服力。

近年来，企业贷款难，中小企业更是"难上加难"。因为以银行为主体的金融机构逐步实行"典当式贷款"方式，即要求借款企业必须有充足的抵押物。虽然P2P借贷平台的借贷方式灵活、手续简便，扩大了借贷领域，但对企业的大额贷款也效仿商业银行的做法，要求企业足额抵押，这对于P2P借贷平台防范和化解信贷风险有明显效果。这种做法对于经营实力强的企业或许不会造成多大困难，但对于刚刚起步的小微企业来说，难度无形中增加了许多。由于有形资产的价值额难以达到金融机构或P2P借贷平台的抵押要求，同时，金融机构或P2P借贷平台没有技术能力对企业的知识产权等无形资产进行衡量估值，小微企业仍难以借到款。资金短缺仍然是众多小微企业发展的"瓶颈"，甚至许多小微企业因为资金枯竭而破产。

企业的信用文化是一种潜在的制度性资产，着重强调员工的伦理道德观与企业的发展目标一致，唤起员工对企业价值观的认同。企业要把"诚实守信"作为企业价值观的首要理念渗透到企业经营管理的全过程，通过制定企业信用准则，加强以契约为基础的诚信教育，树立"诚信第一，品格第一"的形象，把"诚信"转化为全体职工的自主意识和自觉行动，营造"一诺千金，有诺必践"的信用文化氛围。企业的诚信文化是充实和完善信用档案的有效途径之一，同时也有助于缓解中小企业融资难的问题。

⦿ 8.4.2 建立与银行等信用机构的常规关系

根据工商总局的数据显示，截至2013年底，全国工商登记注册企业1527.8万户、个体工商户4564.1万户，已被央行企业征信系统覆盖的仅占32%，仍有近4000万户企业、商家是征信体系的"陌生人"，其中大多为小微企业。

在现代市场经济体系中，信用作为资本的形式而存在，不仅是与物力资本、人力资本或货币资本同等重要的资源，而且是社会资本发挥作用的前提资源。信用资本的核心内容是在市场网络中，人与人、企业与企业之间在交往中彼此信任，这种信任不是"天定"的，而是通过互相交往，逐步建立起来的。因此，中小企业应该主动与金融机构建立紧密联系，让金融机构了解企业，降低由于信息不对称而导致金融机构缺乏对企业的了解的不良影响，通过主动联系和经常性沟通，提高金融机构对企业的信任度。不能到了急需资金时，企业才匆忙去找金融机构"临时抱佛脚"。

不从金融机构借钱，企业的信用记录始终处于"初始状态"。这并不意味着企业的信用记录就好，因为金融机构或社会征信机构无从判断企业的信用状况。最有效、最简单的办法，是主动向金融机构申请借一笔流动资金贷款或办理一张信用卡，然后，按照金融机构规定的还款计划，及时归还到期贷款或信用卡透支。如果不小心出现即将逾期的情况，应及时申请展期还款或筹款还清，否则，逾期还款的情况将会出现在信用报告中，对企业的经营活动产生不利影响。

◉ 8.4.3　关注信贷政策的调整和走向

信贷政策是央行根据国家宏观经济政策、产业政策、区域经济发展政策和投资政策等制定的指导金融机构贷款投向的政策。央行还会根据经济形势，不断对信贷政策进行从紧、宽松的调整。中小企业应该密切关注和分析信贷政策调整的倾向性以及与企业发展的关联程度，尤其是要关注金融机构推出的阶段性信贷政策调整方案和一些新的中小企业贷款产品，把握信贷政策对企业经营发展的影响。同时，每家金融机构，包括P2P借贷平台，都有自己的信贷政策偏好。中小企业在调整信贷决策之前，应该对不同的金融机构和不同的P2P借贷平台有所了解，再根据本企业的经营特点选择适宜自己企业的融资路径和融资工具。这样可以提高中小企业融资成功的概率。

◉ 8.4.4　企业信用需要创造和积累

企业信用需要初始的信用创造，还需要从点滴做起，日积月累。企业和个人要习惯到金融机构和P2P借贷平台借款、还款，要充分理解和体谅金融机构和P2P借贷平台工作人员为防范信贷风险以及方便管理中小企业贷款的谨慎。"万事开头难"，只要有了第一次信用积累，以后的信用积累之路就会越走越宽广，借款次数越多，信用积累就越快。

企业信用是企业"软实力"的重要组成部分，而企业软实力是企业核心竞争力的关键性因素。企业要想在激烈的市场竞争中"凯歌高奏"，就必须"立信"，必须积累信用资本。当然，信用资本积累同资本积累一样，是一个长期的、循序渐进的过程，需要日积月累，不可能一蹴而就。

信用是企业的生命，是企业最重要的品牌价值和无形资产，是企业生存发展的基础性条件之一。良好的信用也是企业申请借款的必要条件，如果借款企业信用不良、形象不佳，不仅很难被社会接受和认可，而且其借款申请很可能遭到拒绝。所以，企业一定要维护好自身信用，以免贷款受阻。

8.5 ▷ 融资成本"烫手"，须有心理准备

P2P网络借贷作为互联网金融的创新，被寄予厚望，其金融脱媒的理念，被视作是降低交易成本、实现普惠金融的最好方式。然而，P2P借贷平台并没有像人们想象中的那样降低了融资成本。P2P借贷平台实际运行的结果是仅仅解决了部分中小企业和个体用户的融资难问题，但还不能降低融资成本、减轻借款人利息负担。国内所有P2P借贷平台都只公布出资人（投资人）的投资收益率，其他服务性收费均不透明。即便是P2P借贷平台自身，也因为借款人的借款方式不同，随着借款期间可能增加的服务项目，而无法准确确定借款人借入资金所要负担的借贷成本。从P2P借贷平台借款的成本到底有多高？这是许多借款人迫切想要了解的信息。

◉ 8.5.1　P2P借贷平台借贷成本到底有多高

借款人从P2P借贷平台借款所要付出的借贷成本，不像银行执行统一的利率，而是因借款金额、使用期限、市场资金头寸的紧松及P2P借贷平台的不同，会有很大差别。借款人的借贷成本主要有如下三方面。

（1）付给出资人（投资人）的利息支出。这部分利息支出在P2P借贷平台上公开展示，借款人通过平台网页能清楚地了解，借款人承担的年利率支出大致是7.5%～24%。2014年全国P2P借贷平台的综合年利率

为17.52%。2015年1月～6月份全国P2P借贷平台的综合年利率有所下降，为13.55%。

（2）P2P借贷平台手续费。一般来说，严格意义上的P2P借贷平台只是中介人，为借贷双方提供信息交互平台，撮合借贷交易达成，办理借贷交易过程中的辅助服务，并不经管资金。借贷双方交易过程中发生的第三方费用，由第三方机构自行收取，与P2P借贷平台没有直接关系。P2P借贷平台收取的费用包括充值费、提现费、VIP费、逾期罚息、服务费等。不同P2P借贷平台之间的费率差别很大，如充值费、提现费，有的平台收，有的平台免收；VIP费用，一些P2P借贷平台规定，只有成为借贷平台的VIP会员才具有借款资格，VIP会员费多少不等，少则几百元，多则上千元；服务费是P2P借贷平台收费的大项，借贷双方交易成功后，一般按照借款人实际支付的利息收取1%～10%的手续费用。

（3）第三方机构收取的费用。国内90%以上的P2P借贷平台并非是纯粹的"资金撮合中介"，而是相继引入第三方机构、建立风险准备金制度、采用抵押担保方式贷款、实行线上线下相结合的方式直接参与信贷风险的控制管理等，各种收费项目随之增多。而"羊毛出在羊身上"，这些费用最终还是由借款人与投资人分担。第三方担保机构要收取担保费，一般按借款人借款金额的比例提取。如投资者购买P2P借贷平台陆金所的理财产品，年化收益率为6%～9%，陆金所对外宣称借贷平台只收取2%～4%的信息费，贷款利息是"零利差"，即贷款利率是银行基准利率上浮40%，借款人支付的所有利息收入全部支付给投资者。推高借贷成本的变数在"担保费"上，担保公司收取贷款本金2%～10%的担保费。如此折算，借款人从陆金所贷款的综合年利率均在40%以上。许多P2P借贷平台建立了风险准备金制度，按借款本金的1%～3%比例提取，用于抵补P2P借贷平台的坏账损失。对于申请P2P借贷平台抵押贷款的借款人，还要支付资产评估部门的认证评估费用。

◉ 8.5.2　借贷成本高，难以实现"普惠"金融

P2P借贷平台的借贷成本高，是不争的事实。银行的借贷利率低吗？与P2P借贷平台相比，银行贷款的名义利率虽然低，但很难获得。目前国内只有10%甚至更少的中小企业能够获得银行贷款。即便得到贷款，加上各种隐形的费用支出，如账户管理费、手续费、担保费、评估费、公证费、保险费等，企业实际付出的利息并不比P2P借贷平台的利率少多少。如花旗银行的信用贷款"幸福时贷"，对外声称3年固定资产贷款年利率为9.9%，如果加上每月0.49%的贷款管理费（且不随借款余额的减少而减少），贷款的实际年利率达19.6%。这些利息支出还都是台面上的。

据财经网报道，某上市公司向当地工商银行办理贷款期间，列支的招待费有120万元。这种现象并不是特例，银行的工作人员掌握信贷资金的收放大权，往往向客户索取好处，特别在银根紧缩时期更为普遍。还有银行信贷人员采用另一种办法，明明自己可以完成操作，却让借款人找中介或其他人，转一道手后收取介绍费或"返点"，通常比例在5%左右，费用自然由借款人承担。各项费用累计，借款人付出的费用折算成银行贷款年利率在30%左右。

民间借贷的利率完全接受市场的自发调节，市场资金紧缺时，利率提高；资金需求疲软时，利率下降。与P2P借贷平台相比，民间借贷的变化幅度更大。由于民间借贷多以短期、小额为主，贷款利率更难准确确定。如某人急需资金，通过民间借贷借款1万元，使用期10天，每天利息100元，10天支付利息1000元，实际支付利息的利率为10%，按此折算，年利率则高达365%。也有可能借贷双方私人关系笃厚，利息分文不要。一般民间借贷都是通过小贷公司，借款使用期限在一个月以上，借款年利率一般在46%左右。

P2P网络借贷实质是民间借贷的互联网化、阳光化，作为基于互联

网的小额借贷，拥有如此之高的借贷成本，已经离"普惠金融"越来越远。普惠金融最基本的要求是要让低收入群体对信贷资金易于获取，即体现普惠金融的易获得性，包括较低的资金成本和较高的效率。目前P2P借贷平台的借款人主要是从金融机构得不到金融服务的个人、中小企业。从现实情况上分析，他们的抗风险能力极低，是最不能背负沉重的高利率负荷的一个群体。即使央行降低利率，放宽信贷政策，他们从银行获得贷款的可能性仍然很低。因此，P2P借贷平台存在的最大价值是去"中介化"，让众多原来得不到金融服务的个人和中小企业的"贷款难"问题得到缓解，让资金变得有"可获得性"。对于众多借款人来说，资金的"可获得性"往往比资金的高利率更重要。如果预期收益能覆盖借款本息，即便利率再高也得借，因为负担高额利率资金，总比企业面临生产过程中断、陷入资金困境、直接破产倒闭要好。即使花费较高的借贷利息成本，较高的回报率依然能够给生产者带来利益，就如同病人急需治病，能买到对症的"药"远比药的价格高来得重要。

● 8.5.3　借贷资本利率谁说了算

由P2P借贷引发的"P2P网络借贷抬高了融资成本"的争论一度甚嚣尘上，引起人们的关注。一些媒体口诛笔伐，痛批P2P借贷平台故意搞"高利贷"，抬高了社会融资成本，扰乱了正常的金融市场秩序。一些不明真相的人也群起而攻之，认为P2P借贷平台是抬高金融市场利率的罪魁祸首。

事实上，P2P借贷平台"井喷式"增长的大背景是"金融抑制"，P2P借贷平台借贷成本高的根本原因还是"金融抑制"。长期以来，金融市场发展落后，货币化程度及总体经济水平不高，为了保护国有企业发展，在降低财政赤字及减轻政府负担的货币政策下，政府通常用行政手段对金融体系及资金市场进行过多干预，由此产生"金融抑制"。在"金融抑制"下，存款利率较低，不足以弥补通货膨胀的侵蚀，民众的存款意愿低，金融机构的信贷资金来源少，在资金供给不足时，只能依靠信贷资金的配给决定资金走向，将大量低成本资金集中投向国家的重点产业和国有企业。而这些部门的资金往往低效率运行，甚至无效率运行，导致无效投资，造成资源浪费。

"金融抑制"推动了正规金融机构以外的民间借贷交易市场的发展，并催生高利借贷行为。至此，资金借贷市场出现两极：（1）政府管控下的正规金融机构，资金以极低的成本，即低利率，流入有政府背景的国有企业；（2）不受政府监管的民间借贷市场，较正规金融机构利率高，被正规金融机构挡在门外的个人和中小企业在这个借贷市场能获得资金需求。

国家采取宽松的货币政策，资金仍然通过信贷配给以极低的利率流向国有企业，很少流向中小企业，流向个人的更少。在此条件下，银行的低利率贷款对众多中小企业和个人来说，仍然是"有价无市"。

因此，银行基准贷款利率是央行充分考虑国有商业银行信贷平衡、社会投资平均利润率水平、满足内需、国家税收、物价水平高低等因素后制定的，并不是通过市场机制的作用而产生，并没有反映出资金价格以及市场资金供需状况。而P2P借贷平台的资金成本完全由资金市场自发形成，是借款人和投资人在慎重考虑交易成本、风险等因素的基础上博弈产生的结果，是民间资金供求状况的真实体现，其利率水平高低受机会成本、风险成本、交易成本以及市场资金供求状况等因素影响。

第9章 风雨过后见彩虹

继央行等十部委出台《关于促进互联网金融健康发展的指导意见》，最高人民法院也发布了《民间借贷案件适用法律规定》，P2P借贷行业彻底告别"三无"，步入茁壮成长的春天。但法律地位的确立，并不能杜绝平台跑路、破产的状况，也不能让高企的借贷成本即刻降低，P2P借贷行业任重道远，还有很长的路要走。

9.1 > 完善借贷共赢生态圈

目前，随着国资（银行）、上市公司背景的P2P借贷平台的高调介入，国内P2P借贷行业逐渐形成了国有、银行、上市公司和草根四大阵营。

在四大阵营中，银行系P2P借贷平台无疑占据着最有利的地位，毕竟是专业从事信贷工作的行家，"根红苗正、专业对口"，其多年积累的风险识别、风险管理实践经验，是其他P2P借贷平台在短时间内无法超越的；其风险评估能力、客户资源、数据储备、资金实力以及"国家信用"的背书，让其他P2P借贷平台望尘莫及。至于上市公司旗下的借贷平台，动辄上千万甚至上亿元的大手笔资金投入，更是其他借贷平台难以企及的。在P2P借贷行业的"战国割据时代"，草根系P2P借贷平台受到多重"围堵"，行业竞争趋于"白热化"。

事实上，P2P借贷市场足够大，各方都有可开拓的空间。国资（银行）借贷平台的加入，可以让更多资金通过借贷平台对接实体经济，资金借贷的成本可以进一步降低，同质化竞争可以顺利向差异化竞争转变，投资规模持续增长，投资人素质逐步得到提升，信息透明程度会进一步提高。特别是P2P借贷平台的资产端也会发生变革，由单纯的信用放款逐步演变为融资租赁、票据证券、保理业务、私募基金、信托贷款等多种资产服务。这正是P2P借贷行业走向成熟化、规范化、多样化的标志和必经之路。

9.2 ▶ P2P网络借贷监管的"靴子"终于落地

为明确监管责任，规范市场秩序，促进互联网金融健康发展，经党中央、国务院同意，2015年7月18日，中国人民银行等十部委联合下发《关于促进互联网金融健康发展的指导意见》（以下简称《指导意见》）。

《指导意见》按照"鼓励创新、防范风险、趋利避害、健康发展"的总体要求，提出一系列鼓励创新、支持互联网金融稳步发展的政策措施，积极鼓励互联网金融平台、产品和服务创新，鼓励从业机构相互合作，拓宽从业机构融资渠道，坚持简政放权和落实、完善财税政策，推动信用基础设施建设和配套服务体系建设。

《指导意见》按照"依法管理、适度监管、分类监管、协同监管、创新监管"的原则，确立了互联网支付、网络借贷、股权众筹融资、互联网基金销售、互联网保险、互联网信托和互联网消费金融等互联网金融主要业态的监管职责分工，落实了监管责任，明确了业务边界。

作为互联网金融重要组成部分的P2P网络借贷，从此"有法可依"，彻底告别"无准入门槛、无监管机构、无行业标准"的野蛮成长年代。

● 9.2.1　鼓励多种机构开展互联网金融业务

《指导意见》指出，积极鼓励互联网金融平台、产品和服务创新，激发市场活力。《指导意见》鼓励银行、证券、保险、基金、信托和消费金融等金融机构依托互联网技术，实现传统金融业务与服务转型升级，积极开发基于互联网技术的新产品和新服务；支持有条件的金融机构建设创新型互联网平台开展网络银行、网络证券、网络保险、网络基金销售和网络消费金融等业务；支持互联网企业依法合规设立互联网支付机构、网络借贷平台、股权众筹融资平台、网络金融产品销售平台，建立服务实体经济的多层次金融服务体系，更好地满足中小微企业和个人投、融资需求，进一步拓展普惠金融的广度和深度；鼓励电子商务企业在符合金融法律法规规定的条件下自建和完善线上金融服务体系，有效拓展电商供应链业务；鼓励从业机构积极开展产品、服务、技术和管理创新，提升从业机构核心竞争力。

● 9.2.2　鼓励互联网从业机构相互合作

《指导意见》指出，鼓励从业机构相互合作，实现优势互补。国家支持各类金融机构与互联网企业开展合作，建立良好的互联网金融生态环境和产业链；鼓励银行业金融机构开展业务创新，为第三方支付机构和网络贷款平台等提供资金存管、支付清算等配套服务国；支持小微金融服务机构与互联网企业开展业务合作，实现商业模式创新；支持证券、基金、信托、消费金融、期货机构与互联网企业开展合作，拓宽金融产品销售渠道，创新财富管理模式；鼓励保险公司与互联网企业合作，提升互联网金融企业风险抵御能力。

● 9.2.3 明确金融监管、工商、电信部门监管分工

《指导意见》指出，坚持简政放权，提供优质服务。各金融监管部门要积极支持金融机构开展互联网金融业务。按照法律法规规定，对符合条件的互联网企业开展相关金融业务实施高效管理。工商行政管理部门要支持互联网企业依法办理工商注册登记。电信主管部门、国家互联网信息管理部门要积极支持互联网金融业务，电信主管部门对互联网金融业务涉及的电信业务进行监管，国家互联网信息管理部门负责对金融信息服务、互联网信息内容等业务进行监管。各监管部门要积极开展互联网金融领域立法研究，适时出台相关管理规章，营造有利于互联网金融发展的良好制度环境；加大对从业机构专利、商标等知识产权的保护力度。国家鼓励省级人民政府加大对互联网金融的政策支持；支持设立专业化互联网金融研究机构；鼓励建设互联网金融信息交流平台，积极开展互联网金融研究。

● 9.2.4 落实和完善互联网相关财税政策

《指导意见》指出，落实和完善有关财税政策。按照税收公平原则，对于业务规模较小、处于初创期的从业机构，符合我国现行对中小企业特别是小微企业税收政策条件的，可按规定享受税收优惠政策。各部门应结合金融业营业税改征增值税改革，统筹完善互联网金融税收政策；落实从业机构新技术、新产品研发费用税前加计扣除政策。

● 9.2.5 鼓励建设和培育互联网金融配套服务体系

《指导意见》指出，推动信用基础设施建设，培育互联网金融配套

服务体系。国家支持大数据存储、网络与信息安全维护等技术领域基础设施建设；鼓励从业机构依法建立信用信息共享平台；推动符合条件的相关从业机构接入金融信用信息基础数据库；允许有条件的从业机构依法申请征信业务许可；支持具备资质的信用中介组织开展互联网企业信用评级，增强市场信息透明度；鼓励会计、审计、法律、咨询等中介服务机构为互联网企业提供相关专业服务。

◉ 9.2.6 P2P网络借贷机构要明确信息中介性质

《指导意见》指出，网络借贷包括个体网络借贷（即P2P网络借贷）和网络小额贷款。个体网络借贷是指个体和个体之间通过互联网平台实现的直接借贷。在个体网络借贷平台上发生的直接借贷行为属于民间借贷范畴，受合同法、民法通则等法律法规以及最高人民法院相关司法解释规范。个体网络借贷要坚持平台功能，为投资方和融资方提供信息交互、撮合、资信评估等中介服务。个体网络借贷机构要明确信息中介性质，主要为借贷双方的直接借贷提供信息服务，不得提供增信服务，不得非法集资。网络小额贷款是指互联网企业通过其控制的小额贷款公司，利用互联网向客户提供的小额贷款。网络小额贷款应遵守现有小额贷款公司监管规定，发挥网络贷款优势，努力降低客户融资成本。网络借贷业务由银监会负责监管。

◉ 9.2.7 股权众筹融资的相关要求

《指导意见》指出，股权众筹融资主要是指通过互联网形式进行公开小额股权融资的活动。股权众筹融资必须通过股权众筹融资中介机构平台（互联网网站或其他类似的电子媒介）进行。股权众筹融资中介机构可以在符合法律法规规定前提下，对业务模式进行创新探索，发挥股权众筹融资作为多层次资本市场有机组成部分的作用，更好地服务创新、创业企业。股权众筹融资方应为小微企业，应通过股权众筹融资中介机构向投资人如实披露企业的商业模式、经营管理、财务、资金使用等关键信息，不得误导或欺诈投资者。投资者应当充分了解股权众筹融资活动风险，具备相应风险承受能力，进行小额投资。股权众筹业务由证监会负责监管。

◉ 9.2.8　从业机构应当对客户进行充分的信息披露

《指导意见》指出，从业机构应当对客户进行充分的信息披露，及时向投资者公布其经营活动和财务状况的相关信息，以便投资者充分了解从业机构运作状况，促使从业机构稳健经营和控制风险。从业机构应当向各参与方详细说明交易模式、参与方的权利和义务，并进行充分的风险提示。有关部门要研究建立互联网金融的合格投资者制度，提升投资者保护水平，按照职责分工负责监管。

◉ 9.2.9　切实保护互联网金融消费者的合法权益

《指导意见》指出，各部门要研究制定互联网金融消费者教育规划，及时发布维权提示；加强互联网金融产品合同内容、免责条款规定等与消费者利益相关的信息披露工作，依法监督处理经营者利用合同格式条款侵害消费者合法权益的违法、违规行为；构建在线争议解决、现场接待受理、监管部门受理投诉、第三方调解以及仲裁、诉讼等多元化纠纷解决机制细化完善互联网金融个人信息保护的原则、标准和操作流程。严禁网络销售金融产品过程中的不实宣传、强制捆绑销售。人民银行、银监会、证监会、保监会会同有关行政执法部门，根据职责分工依法开展互联网金融领域消费者和投资者权益保护工作。

就P2P网络借贷行业整体而言，《指导意见》有如下两大关键点。

（1）明确了P2P网络借贷企业和P2P网络借贷业务的合法法律地位。《指导意见》无疑是我国P2P网络借贷发展史上的里程碑，给P2P网络借贷的经营和发展界定了统一标准，引领整个行业走上规范发展之路。

（2）《指导意见》明确了P2P网络借贷平台可以提供信息交互、撮合、资信评估等中介服务，为多年来P2P借贷平台"名不正言不顺"正了名，明确了P2P网络借贷的监管主体是银监会，客户资金实行第三方托管。

9.3　关于民间借贷法律的完善

继2015年7月18日央行等十部委联合发布《关于促进互联网金融健康发展的指导意见》后，2015年8月6日，最高人民法院发布了《关于审理民间借贷案件适用法律若干问题的规定》（以下简称《规定》），并规定从2015年9月1日起施行。

《规定》根据经济社会的发展变化，本着依法、服务大局、平等、民主科学的原则，规定了民间借贷的范畴和责任，较二十多年前的《关于人民法院审理借贷案件的若干意见》（以下简称《意见》）有明显的变化与进步。

（1）《规定》让"民间借贷"身份合法化。这是我国第一次从法律的层面对"民间借贷"进行定义。《意见》第一条规定："自然人之间、自然人与非金融机构的法人或者其他组织之间的下列纠纷，应当作为民间借贷纠纷案件受理。"这里明确将民间借贷纠纷作为借贷纠纷案件进行处理。据《规定》定义，"民间借贷，是指自然人、法人、其他组织之间及其相互之间进行资金融通的行为"。《规定》从法律层面给了民间借贷一个正式、合法的身份。

（2）《规定》对民间借贷利率详尽、具体的规定。《规定》充分体现了尊重契约精神和利率市场行为的特征，在此基础之上对高利率也进行了明确的限制。《规定》第二十六条规定："借贷双方约定的利率未超过年利率24%，出借人请求借款人按照约定的利率支付利息的，人民法院应予支持。借贷双方约定的利率超过年利率36%，超过部分的利息约定无效。借款人请求出借人返还已支付的超过年利率36%部分的利息的，人民法院应予支持。"以前，《意见》规定，"民间借贷利率不得超过银行同类贷款的4倍"。《规定》明确了民间借贷利率执行上的"二线三区"，年利率24%为受法律保护的上限，该付没付的应当无条件给付；年利率超过24%未达到36%的部分为自然债务，自然债务虽然有效，但法律上无强制履行力，已付的不退、未付的不付；年利率36%为法律效力的界限，利率超过36%的部分，不受法律保护，未付的不付、已付的必须退还。"二线三区"为利率市场化奠定了基础，既满足了市场主体的现实需求，又为政府监管市场利率制定了量化标准。

（3）《规定》对企业间的借贷有效性进行了规范。《规定》充分体现了法律不是一成不变的，而是随着时代的发展而变化的特性。《规定》对企业间的借贷给予了有条件的认可，将民间借贷的范围从个人之间"拉宽"到企业之间。对于企业为了生产经营的需要而相互拆借资金，法律明确规定应当予以保护。这条规定将民间借贷案件的主体范围扩大，明确了民间借贷的主体可以都是法人或其他组织。企业之间为生产经营需要而进行的借贷行为不属于违反国家金融的强制性规定。这对于目前企业之间的互相融资给予了肯定，有利于缓解企业融资难和融资成本高的问题。这也意味着P2P借贷平台上的借贷双方不再只是个人对个人，也可以是企业对企业。

（4）《规定》对P2P借贷担保进行了司法规定。《规定》第二十二条规定："借贷双方通过网络贷款平台形成借贷关系，网络贷款平台的提供者仅提供媒介服务，当事人请求其承担担保责任的，人民法院不予支持。网络贷款平台的提供者通过网页、广告或者其他媒介明示或者有其他证据证明其为借贷提供担保，出借人请求网络贷款平台的提供者承担担保责任的，人民法院应予支持。"

此条款与2015年7月18日央行等十部委联合发布的《关于促进互联网金融健康发展的指导意见》相呼应，再次明确P2P网络借贷是信息中介、而非信用中介，它与借贷双方是居间关系。但是如果网络贷款平台为了吸引投资者而通过网页、广告或者其他媒介明示或者有其他证据证明其为借贷提供担保的，平台除了应该承担担保责任之外，还要根据相关监管部门的规定承担行政责任，如涉及刑事犯罪还要承担刑事责任。

这一条款规定正面回应了P2P借贷行业争论已久的"去担保化"问题，从法律关系上将目前国内的P2P借贷平台定位为两大类，一类是纯信息媒介服务性质的P2P借贷平台，另一类是承担"担保"责任的P2P借贷平台。既认同P2P借贷平台作为信息中介的本质定位，又接受了现实情况中P2P借贷平台普遍实行"承诺垫付"的现状。再次明确，纯信息中介的P2P借贷平台所应承担的法律义务和责任很低；既是信息中介又是信用中介的P2P借贷平台，以各种形式宣称"承诺垫付"，对出借人（投资人）要求P2P借贷平台履行担保责任的，法律上给予支持。投资人需要理解的是，"去担保化"实质上是尊重商业规则，这是P2P借贷平台发展的必然趋势。P2P借贷平台承诺"担保"就一定要履行担保责任，但并不意味P2P借贷平台"担保"就一定合理、合法。这正说明政府对于目前国内P2P借贷平台有别于国外P2P借贷模式的认可，没有采取"一刀切"的政策,而是允许P2P借贷行业细分。

《关于促进互联网金融健康发展的指导意见》和《关于审理民间借贷案件适用法律若干问题的规定》的出台,是一个重大的好消息。对P2P借贷行业来说,P2P借贷平台终于确立了合规、合法的法律地位;对P2P借贷平台的投资者来说,投资人的合法权益有了强有力的法律支持。而此前对于投资人权益的保护条款,散落于诸多司法解释条文中,《规定》将借贷双方的合法权益进行了集中、重申,进一步明确了P2P借贷平台和投资人的权利和责任。《规定》明确规定:只要P2P借贷平台宣称了"担保"责任,就必须为自己的宣传内容和承诺承担担保责任。此举既有利于有效地抑制P2P借贷平台行业的虚假宣传,又对投资者和合规经营的P2P借贷平台形成一种保护。

这间接地给所有出资人(投资人)提了醒:如果P2P借贷平台仅提供信息中介服务,在借贷交易过程中仅履行信息撮合作用,并没有承诺履行担保责任,当借款人的借款出现违约、逾期,甚至坏账,投资人要求P2P借贷平台承担担保责任,人民法院不会给以支持;但如果P2P借贷平台充当了信用中介的角色,并明确宣称为投资人的资金安全提供担保,当借款人的借款出现逾期坏账后,出借人(投资人)要求P2P借贷平台承担责任,人民法院会予以支持。

在P2P借贷平台的业务实践中,真正与借款人在《借款合同》中直接写明承担"担保"条款的P2P借贷平台并不多见,承诺担保更多地体现在P2P借贷平台的宣传上。也有P2P借贷平台打擦边球,通过网站的网页、广告宣传及其他暗示,模糊地表明P2P借贷平台承担本息担保。自2015年9月1日《规定》生效后,诸如此类手段正式失效,承诺担保的,必须承担责任;没有承诺担保的,则不承担责任。

所以,投资人投资P2P借贷时,不仅要对借款人的资质和借款项目进行认真判断,更重要的是一定要分辨清楚自己投资的这家P2P借贷平台是否承诺履行担保责任，否则自己的利益受损后将无法进行维权。在决定投资和打钱到P2P借贷平台之前，如果P2P借贷平台在网页上公开承诺或宣称为投资人的资金提供本息担保，投资者一定要记得截屏留作证据，存档以备不测之需。